资本奇迹

CAPITAL MIRACLE

尤君　〔新加坡〕黄哲贤 著

中央编译出版社
Central Compilation & Translation Press

图书在版编目（CIP）数据

资本奇迹 / 尤君，〔新加坡〕黄哲贤著 . —北京：中央编译出版社，2016.9
ISBN 978-7-5117-3090-9

Ⅰ. ①资…
Ⅱ. ①尤… ②黄…
Ⅲ. ①资本－研究
Ⅳ. ① F014.39

中国版本图书馆 CIP 数据核字（2016）第 203420 号

资本奇迹

出 版 人	葛海彦
出版统筹	贾宇琰
策划编辑	黄海明
责任编辑	廖晓莹
责任印制	尹　珺
出版发行	中央编译出版社
地　　址	北京西城区车公庄大街乙 5 号鸿儒大厦 B 座（100044）
电　　话	（010）52612345（总编室）　　（010）52612313（编辑室） （010）52612316（发行部）　　（010）52612317（网络销售） （010）52612346（馆配部）　　（010）55626985（读者服务部）
传　　真	（010）66515838
经　　销	全国新华书店
印　　刷	北京旭丰源印刷技术有限公司
开　　本	710 毫米 ×1000 毫米　1/16
字　　数	150 千字
印　　张	13.75
版　　次	2016 年 9 月第 1 版第 1 次印刷
定　　价	48.00 元

网　　址：www.cctphome.com　　邮　　箱：cctp@cctphome.com
新浪微博：@中央编译出版社　　微　　信：中央编译出版社（ID: cctphome）
淘宝店铺：中央编译出版社直销店(http://shop108367160.taobao.com)　（010）52612349

本社常年法律顾问：北京嘉润律师事务所律师　李敬伟　问小牛
凡有印装质量问题，本社负责调换，电话：（010）55626985

目录

第一章 资本领袖

资本奇迹的发生、发展是需要一个过程积累才能实现的,必须通过对各种资源嫁接、整合,利用资本思维方式来规划今后发展;必须通过改变传统思维方法,用未来的格局来看待今天。这样才能借用资本的力量助推企业快速发展。

一、从资本领袖到连续创业家 /3
二、资本价值向虚拟资产倾斜 /6
三、上一层思维 /11
四、追求超速发展 /14
五、复制:从独木到森林 /16
六、突破传统实体经营模式 /17
七、将目标放大 10 倍再思考 /19

第二章 红点理论

企业的决策者就是企业的"红点",每家企业都有自己的红点。投资者在决定投资一家企业的时候,除了进行必要的经济法律层面的调查之外,红点是投资者考察的重要因素。

一、红点理论:锁定核心资源 /30
二、图解红点理论思想内涵 /32

三、红点理论实战路线图 /47

第三章　商业模式

> 商业模式是实现预期设定的目标所采取的手段和方法，不同的商业模式都要到经济体中，通过项目的具体的良性循环，去体验模式的准确性和适应性。

一、商业模式架构设置 /56

二、投资者的模式架构原则 /67

三、简单而远大的模式感召力 /69

四、现代公司架构知易行难 /71

五、上市风控：透明条件下站着赚钱 /75

六、构建上市企业的防火墙 /82

七、复杂经济环境下的资本运作思维 /104

第四章　资本投资与风险规避

> 拥有资本思维方式，利用红点理论可以判断出企业脉络和走向，良好的商业模式策划意味着企业发展目标可操作落地执行。那么投资者如何判别该企业是否可投资，依据是什么？风险又如何规避呢？

一、风投认知：快速进击，向死而生 /110

二、风投特性：执著于指数式增长 /112

三、IPO 前传：鸟瞰复杂协同流程 /114

四、获得投资者认同的条件 /122

五、从投资者视角反思企业运营 /126

第五章　资本奇迹与财富裂变

> 通过资本运作产生财富裂变是上市企业进行财富再积累的过程，它是投资者全局掌控能力以及资源整合能力的综合运用。

一、财富裂变：从 0 到 1，从 1 到 N /133

二、财富裂变步骤：快速裂变，步步为"赢"/135

三、利他效应：高维度向下整合/142

四、资本裂变实操指导/147

五、关于财富奥秘的思考/181

第六章 互联网与资本变革

互联网金融和资本运营的有机融合，促使资本市场格局发生了大变革。资本融入互联网，资源实时配位时代来临。

一、互联网重构资本市场格局/191

二、互联网金融：交易场边界飞速扩张/196

三、产融结合：下一个经济大趋势/198

四、资产管理向最优价值体聚集/202

五、资本融入DT互联网：资源实时配位时代来临/204

推荐序

资本运作机制的世界是令人难以想象的。不符合逻辑的则被称作奇迹。每件事物的背后都是层层的因果,都包含着企业家精神——"红点"(reddot)。成熟的资本市场和发达经济的形成有时会相当缓慢,随着时间的推移逐步完成,但是有时也可以在令人眼花缭乱的无序中形成。中国即是再好不过的例子。

在《资本奇迹》中,尤君展示了对其理论深刻的理解。他的表述既包括具体实例,也探索了一些传奇故事中有据可查的部分。讲述故事的技巧是解码资本机制的必要能力。尤君在书中很好地展现了此技巧。资本机制蕴含着多种多样的商业模式、错综复杂的解决方案和执行技巧,这些都会掩盖住事情真相。而实际上真相往往远比人们的理解更加复杂,也更加有趣。

在商业模式领域,那些未曾见过的,有时甚至是闻所未闻的模式远比已知的模式更为有效。现如今,在路演中,心理学的应用已经非常普遍,创造了很多意想不到的效果。很好地运用,它就可以成为一个"规则改变者"。在创造财富的过程中,一个人若想真正掌握设计高效的金融路线图的方法，不仅需要心怀抱负，还需要对此愿景具有清楚的认识。从预定目标倒推的工作方式是至关重要的。然而，决断力的重要性可能并不是那么明显。

希望寻求重生、再生的企业。如果能够引导"红点"跨越鸿沟，那么借助企业孵化器和企业加速器，就能实现安全的重组。但是引导"红点"需要精通两项技能——教授和指引。教授更加强硬，而指引更为柔和，所以这两项技能需要达到一种平衡。只有这样，才能充分发挥企业家精神。

投资归根结底还是与人有关。本书告诉我们，要一直保持镇定并不容易。合适的人才、人才搭配、价值体系，以及思维方式都决定了成功的程度。在投资领域，有很多先行者做出错误的选择，很多人会因此走入歧途。这一切都关乎你的心。是否同时具备与强者、与普通人合作的能力将决定你是否能成功。

黄哲贤博士

2016.5.17 于新加坡

前　言

资本经济浪潮伴随着兴盛的国运扑面而来！我们是时代的幸运儿！

在资本经济浪潮中快速积累财富是每个创业者的理想和愿望。但是，在企业成功的背后，不仅需要专业的知识积累，更需要有独特的思维方式。

创业者需要具备哪些专业的资本运作知识？独特的思维方式是指什么思维？怎样运用资本运作技巧，掌控融资节奏，规避融资风险，使企业成功登陆资本市场？这些是每一位创业者关心的问题。本书将一一为你解答这些疑惑。

真诚期待这本书能够开启你的财富梦想，启迪你的投资智慧，帮助你应时而动、顺势而为，在波涛汹涌的商海中规避风险、运筹帷幄、创造财富。在你达成目标和愿望的同时，你周围的人也能分享你的成功和喜悦，这就是我们出版本书的初衷。

本书主要内容包括五个方面：

第一，解决"怎样转变思维方式"的问题，通过认识和了解资本运作，为下一步参与做好相应的思想准备。

第二，用"红点理论"分析企业所处的状态，评价企业管理效能。什么样的管理团队可以带领企业上市？企业上市需要团队执行力达到什么水平？决策者与执行团队之间处于何种状态？如何通过红点理论判断该企业是否值得投资？

第三，熟悉商业模式策划，了解企业决策者的思维格局和企业经营管理所处的状态，预测企业今后发展的预期和持续发展的潜力。

第四，分析你所经营的企业，对内部管理和经营情况进行深入了解，为投资决策提供参考。

第五，如何促进资本的裂变，实现创造财富的梦想。

本书的思想来源于新加坡 Commerce Net 总裁黄哲贤博士。黄哲贤博士是亚洲赫赫有名的犹太商道实战专家，兼任数家创业投资公司的总裁。黄博士在创业、投资、金融等领域拥有卓越建树。更难能可贵的是，黄博士拥有大爱精神和大中华情节。从2013年开始，他不遗余力地将其多年来的投资智慧传播给国人。本人是其名下弟子，多年来从事企业管理工作。通过这些年的学习，结合本人在投资实践中的感悟，将其课程主要内容编辑整理成本书，这也是黄博士爱心传递的一种方式。

"穷则独善其身，达则兼济天下。"能够把自己的一些体会分享给更多的人，使大家在为美好梦想奋斗的过程中得到升华和帮助，是一件供养心灵的有益之事。希望有此志向的人寓身其中，深入思考，悟透资本的奥妙，找到适合自己的投资方法和发展方向，开拓一片属于自己的新天地。

掌握解决问题的路径比解决具体问题还重要。通过阅读本书，你会了解到一些企业资本运作及融资方面的相关知识，掌握一些解决问题的思路和方法。

如果你是一位企业家或者是经营决策的制定者，并且已经具备一定的实力，有愿望和想法通过资本助力使企业得到快速发展，但是目前还没有找到合适的方法，本书相关内容会使你得到有益启发。

如果你是想通过资本运作助推企业快速发展，把企业做强做大的管理者，从中会得到有益的参考。

如果你是一位金融行业理财能手，通过阅读本书，会给你注入一些新的思想和操作模式。

如果你是一位想了解资本运作或是将来想参与其中，本书也会给你一些启迪，它会引导你逐步进入角色。

本书如果能对你现在的思维方式有所触动，进而能对你的行为方式有所改变，能在你的企业组织结构优化过程产生一些积极影响和促进作用，我会感到欣慰。

本书在整理过程中，得到了黄哲贤博士的鼓励、帮助和指导，也得到了三号创投、吴德志、吴俊贤及很多业界朋友的大力支持，在此一并表示感谢！同时，希望热心读者提出宝贵意见和建议，以便我们更好地改进提高。

尤 君

2016.6.18

第一章

资本领袖

资本奇迹的发生、发展是需要一个过程积累才能实现的，必须通过对各种资源嫁接、整合，利用资本思维方式来规划今后发展；必须通过改变传统思维方法，用未来的格局来看待今天。这样才能借用资本的力量助推企业快速发展。

资本奇迹 创造财富的真正秘诀

在财富系统的平台上，看得见的企业和看不见的模式、信息和资源融合发展，每个单体组合构成平台，通过相互之间的能量传递和资源交换，形成大家参与、共同分享的平台。如果每一个单体都是健康的，那就构成了一个良好的生态环境，财富生态系统良好状态就会充分展现在我们的经济活动过程中。

资本奇迹的发生、发展是需要一个过程积累才能实现的，必须通过对各种资源嫁接、整合，利用资本思维方式来规划今后发展；必须通过改变传统思维方法，用未来的格局来看待今天，这样才能借用资本的力量助推企业快速发展，在短期内实现预定的发展目标。今天我们做好相应准备，才能为今后发展创造有利条件。将来的成功，意味着现在要做相应筹划。

目前，中国经济进入新常态（发展速度由高速增长转向中高速），正处在结构调整、转型升级的进程中，助推经济繁荣和发展的资本将不可或缺。我们踩着时代的节拍，需要以开拓未来为发展方向，以充实头脑完善自己的人生规划，以相关知识积累来弥补技能欠缺，使自身素质能力提升到新的层面。在对经济形势的分析判断中，要想把别人看不清的事情分析透彻，选对方向、把握时机，参与到资本体系运行过程中，以智慧和能力做财富生态系统平台的搭建者，首先应从思维方式、行为方式的改变上去践行。

一个人的行为永远超不过他的思想。若要成就一番大事业，必须在思想方法上下一番苦功夫。 中国的大环境和经济发展方向，是需要我们去认真思考的课题。特别是企业经营的决策者或发展方向的谋划者，有必要积累这些方面的专业技能，提高相应的判别能力，同时

第一章 资本领袖

提高自身修养，静下心来冷静思考，精心谋划未来发展。这就是做好思想、行动方面的准备。当下，你付出了努力，将来，你就会有收获。以你的智慧和能力加上健康的心态，共建一个财富生态系统，通过自己的发展、壮大惠及别人，理应成为我们每一个资本运作者的共同愿望。下面，我们将逐步认识、了解相关方面的知识。

一、从资本领袖到连续创业家

伟大的人首先是凡人，放下自己、客观审视，只与自己相比。资本领袖也是在特定的环境磨炼中产生的，除了具有超常的智慧，他还能够顺天时、依地利、聚人和，通过能量叠加脱颖而出；在看事情的过程中能够变换空间、时间，能以不同的角度观察事物，建立新的逻辑去判断、分析事情的全过程；能够用未来的思维格局思考，在嫁接、整合资源的过程中具有独特的视角。特别是在当前经济结构调整转型时期，资本将起到不可或缺的作用。如果没有资本市场繁荣发展，国家也构不成真正意义上的强大。国家间的竞争本质上就是企业之间的相互竞争，而资本就是企业快速发展的催化剂和助推器。在资本运作过程中，资本领袖具有不可或缺的推动性作用。新加坡的黄哲贤博士讲授"资本奇迹"，激发出我们许多新的思考。下面先就一些具体概念和问题进行交流探讨。

资本分为有形资本和无形资本。能够创造价值看得到的有形实物称为有形资本，包括固定资本和流动资本。从有形资本中独立出来的，不具有实物形态的资本称为无形资本，包括品牌、专业技术、标准权、信用等等。从资本的含义这个角度来理解，所有能够被他人相信，并且能够调动他人资源的东西，都可以称为资本，资本的属性是被他人相信，前提是信用。运作资本的过程是在能让他人相信，去调动别人的有形及无形资本进行流通设计，在流通过程中要做到路径安全，并能创造价值。资本的流通、运转安全需要提前布局，事先规划，其交易结构和流通有三个特点：第一，必须能够运转，不能运转的资本不能称其为交易结构和流通；第二，作为企业可以把金融变成多种流通渠道，不见得把钱放到金融机构才叫投资，因此在设计流通渠道时，要清楚钱从哪来，会到哪去；第三，提前设计控制好流通风险，完整交易结构是流通的，并且能够增值，形成安全的闭环，很多人看到的是价值而忽略了安全，这不是真正意义上的理性投资，而是带有赌博成分。

资本运作是把有形资本与无形资本进行有机结合，再进行交易结构设计，提前布局，这是企业未来规划，而不是自然进化。其特点是：不能停留，要运转，过程应该是安全的，要形成闭环。对流通路径的设计，只调动流通资本而不注重信用资本是不全面的。资本运作也是一种信用价值的流通方式。

资本的核心就是创造价值链，并把价值链在运用资本杠杆过程中进行放大。所以我们要从传统的经营模式跳出来，运用资本运营模式，以务实的态度布局我们的交易结构。在研究具体的产品过程中，要结合产业链与商圈来设计规划，把盈利点变得更多，把资本和资源调动起来为我所用。所有这一切只为一件事——创造一个很好的价值点,撬动市场。未来只有把产业链的模式做得更好的时候,再结合资本的工具,就会发展得更好。用资本的思维做产业,再用资本的工具来助推,要用好这个工具,企业将变得更有价值。

资本运作也是资本和资产的交易,用资本换资产为投资,以资产换资本为融资。其实投资和融资是一个事情的两个方面,只是站在不同的角度去看,说法不同而已。既然资本运营是一场交易,就会涉及两个方面的关系。一方面,是运营资本者与运营资产者的关系。运营资本者被称为资本家;运营资产者被称为企业家。从赚钱的方式来看两者具有本质区别。资本家主要是靠钱来赚钱,而企业家主要是用时间、精力、资源、知识、经验来赚钱。资本运营离开了两者,交易就无从谈起。

另一方面,资本运营交易是实体运营与资本运营的关系。实体运营,看得见的是买卖,经营的是产品,赚的是利润;资本运作,运营的是体系,看不见的是模式,赚的是资本。两者之间互相促进,业绩良好的实体运营是资本运营的支撑,资本运营助力实体运营快速达到预定发展目标。通俗来讲,资本运作过程就是把有钱人(或机构)的钱通过一定的方式、方法运送到需要钱的人手中的过程。当然运送的过程需要有相应的工具,输送的过程也必须在相应的规则、规章和相应的法律框架之下。由于资本的本性是逐利的,当然就没有好坏之分,关键是用什么态度去看待它,用什么样的方式去操作它。

在这之中,金融,是对现有资源进行重新整合以后实现价值的等效流通;货币,其实用作交易媒介货币不仅是指现金,而且是现金加上一部分形式的资产，企业为别人提供的服务效率也可以用货币来衡量；资本，是用于生产的基本要素，即资金、设备、材料等物质资源，是可以带来剩余价值的价值。

传统经济理论认为，资本是企业经营活动的一项基本要素，也是生存发展的一个必要条件。创建企业必须具备资本，企业生存需要保持一定规模的资本，发展也需要不断筹集资本。没有资本，企业就会面临无法购买企业运作所需的各种生产设备等严重问题，总之没有资本企业就无从谈起。

二、资本价值向虚拟资产倾斜

品牌承载着创业者的梦想，经过持续不断地打造和培育，当品牌塑造具有一定内在精神和含义的时候，品牌资产价值就会被认知，成为企业最有价值的资产之一。品牌资产评估不仅确定了品牌资产价值，同时被量化的品牌资产也会给消费者以信心，从而使品牌资产具有了商业价值。通过量化的品牌资产能够更清晰地看得到企业的成长性，可有效提高企业声誉，吸引投资者并且能够给投资者信心。品牌的资产本身是一种无形资产，可以用资产的形式进行收购、合资等方式运作。在资本运作过程中，这种无形资产远远超过有形资产。

品牌是企业重要的无形资产，品牌运作也是资本运作的一部分，它的含义通过愿景去表现。所有的事情都有逻辑，有因有果，水到渠成，建立品牌也是一种传达。品牌的价值如果能够被别人接受并且能够给别人带来价值，品牌运作的目的就达到了，它准确表达了消费者的心里认可度。

品牌要有形还要有魂。比如，世界知名品牌可口可乐、迪士尼等之所以能够进入大多数消费者的心智空间，是因为它们所准确表达的企业核心价值被认知。再如，劳斯莱斯汽车，通过3秒钟一个手工制造动作，精心刻画出该产品手工制作的形象，将其深深映入潜在消费者的脑海里。其实劳斯莱斯的产品也不是完全都是手工制作，而是为了突出某一点与同行业的不同之处，采取的是差异化经营策划手段，而消费者选择倾向于在头脑里存在的品牌。因此，品牌应该准确表达消费者的心理认可度。品牌有清晰、明确的定位才能进入消费者头脑里，使消费者选择他的心智空间存在的东西。透过准确表达映衬品牌的核心价值，因而品牌可以决定公司的市值、估价。又如保时捷、王老吉。从二者对比来看，王老吉的市场占有率远远大于保时捷，但是作为世界品牌，王老吉的知名度却远远不如保时捷。

当品牌移动到新的领域的时候，就会衍生出很多行业，这就需要我们审慎、理性地把握。例如，有两种品牌产品都有各自的客户群，在新品牌策划时，切不可以将受众设定在两个品牌之间的客户群体，因为两个品牌之间的位置是一个"死区"。另外从投资者的角度看，这样的企业原则上是不可投资的。要在两个品牌之外选择高端或低端市场去操作，避开中间这个"死区"，锁定目标客户群，这是一种切割目前竞争条件下的目标市场的策略。是要市场占有率（利润可能不太理想）还是要高溢价（市场份额少），这需要细分客户群并重新定位，这方面传统产品的销售形式大都相似。但是，如果你有不同于别人的隐形的商业模式，能有带动别的产品增加销量的方式，就是创新之举。根据市场定位，相应的客户群体会给你带来新的市场，你选择的是更经济的价钱优势还是选择利润更高的高端产品，其相应的模式是不同的，在实务中有时也可考虑以市场的销量换取溢价能力。

在资本市场里，由于每个人的资源不同，体量不一样，同样一件事做出不同的选择也是正常的。但是选择客户群体区域应该是两个品牌区域外的高端或低端市场范围，切不可以在两个品牌之间寻找新的客户群体。

比如，A、B为现有两种市场品牌（如下图1—1）。

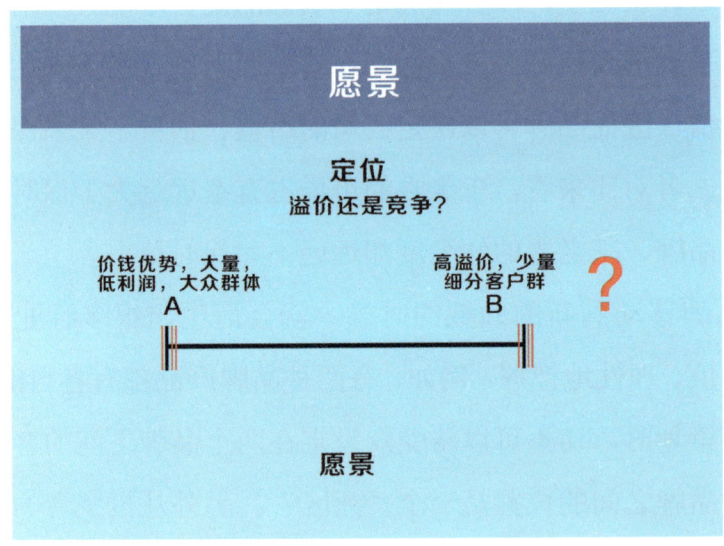

图1—1

当新的品牌C进入，走高端市场，原有品牌B将成为死区（如图1—2、图1—3所示）。

愿景
定位
溢价还是竞争?
价钱优势，大量，
低利润，大众群体
高溢价，少量
细分客户群
更高溢价，
新定位
A
B
C
愿景

图 1—2

愿景
定位
溢价还是竞争?
价钱优势，大量，
低利润，大众群体
高溢价，少量
细分客户群
更高溢价，
新定位
A
B
C
死区
愿景

图 1—3

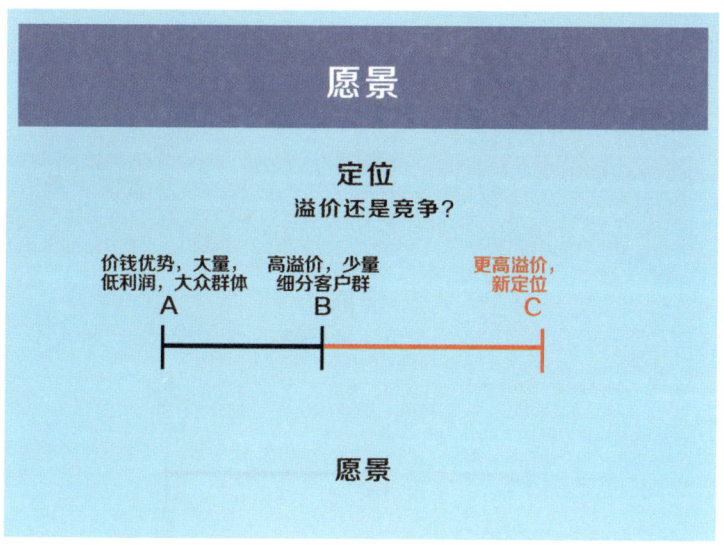

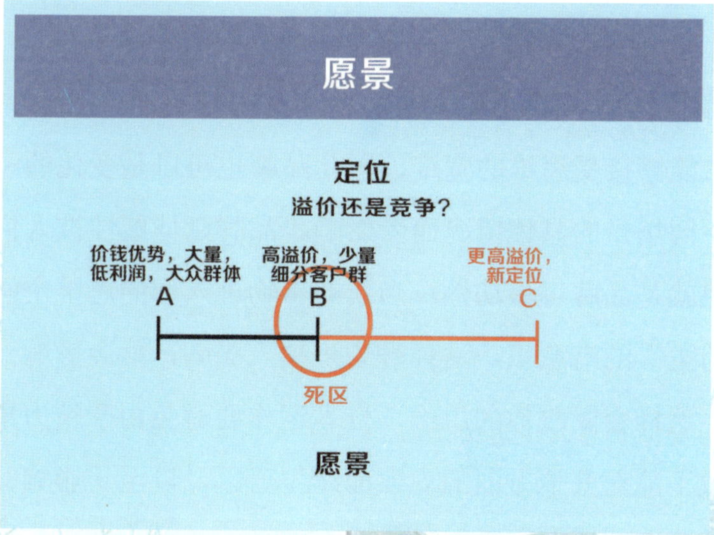

当A的新品牌A-进入低端市场,A产品将来会变成死区(如图1—4所示)。

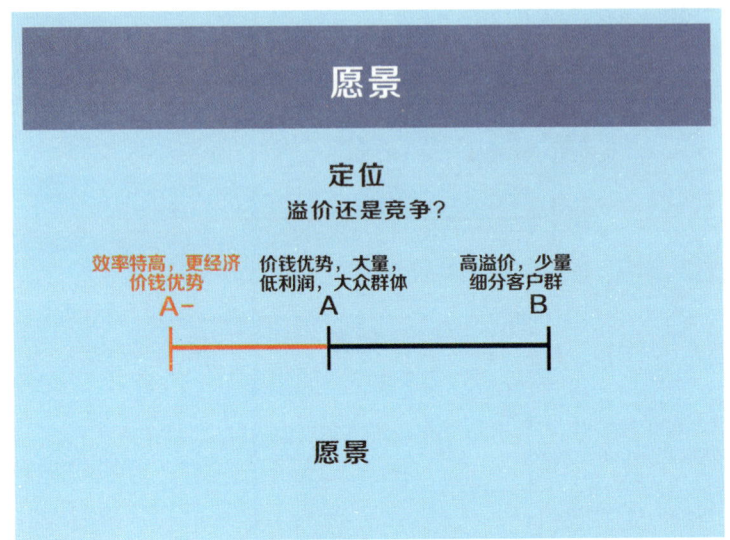

图1—4

从品牌宽度和扩展性来看,思维宽度很重要,愿景决定品牌。人们通常能够接受思维的宽度,因此品牌也可以是变化的。人的思维方式因不同场景的具体情况而受影响,品牌延伸展性被人们所接受的过程,也就是品牌可移动性。当新的事物进入你的思维空间,就产生"先入为主"的潜意识,这种潜意识植入头脑,就会影响到你对事情的判断,这样会限制你的思维。资本运作要避免由于精力集中在某一点,导致不能对其他方面的观察而产生盲区,以至于影响对整体判断的准确性。

三、上一层思维

用未来的眼光来规划，你的思维就是未来的格局。这里，重点强调一下愿景定位。愿景是理想和愿望经过沉淀以后确立的，它不是凭空产生的，一旦确立，就是你内心的目标和前进方向。不论是企业经营指标的定位，还是企业发展战略定位，思维格局决定了企业趋势和走向。

做正确的事，是你的战略定位、把事情做正确在行为上的导向，空间选取，领域取舍。虽然仁者见仁、智者见智，但不管如何，目标和方向是坚定不移的。劳斯莱斯在策划愿景影片时，为了体现与同行业差异化经营的特点，对手工制作部件进行深入刻画，充分体现了劳斯莱斯精致的手工操作形象，这让人看后印象深刻。什么是高手？用什么方式映衬？要达到什么结果？取决于你的思维方式。因此，必须把支撑品牌的要素做实、做好。通过细分客户群，制定相应的盈利模式，做好短期、中期、长期发展规划，明确将来持续发展需要的资源，做到项目推进有序、目标实施有根据，你的公司就会有一个清晰明确发展思路。

愿景要清晰，这样才能避免设计品牌时夹在中间死去。有愿景而为，不是随事而为，这样的公司是可以投资的。

公司的整体计划可以通过公司的目标路线图来说明。什么是目标路线图？是公司经过深思熟虑后确立的发展规划要实现的结果，是从公司的起点到结果之间经过的路径。在这个路径选定过程中，可以通过目标路线图的启发找到重要的节点，然后设计相应的实施规划。公司的目标路线图（如图1—5所示）。

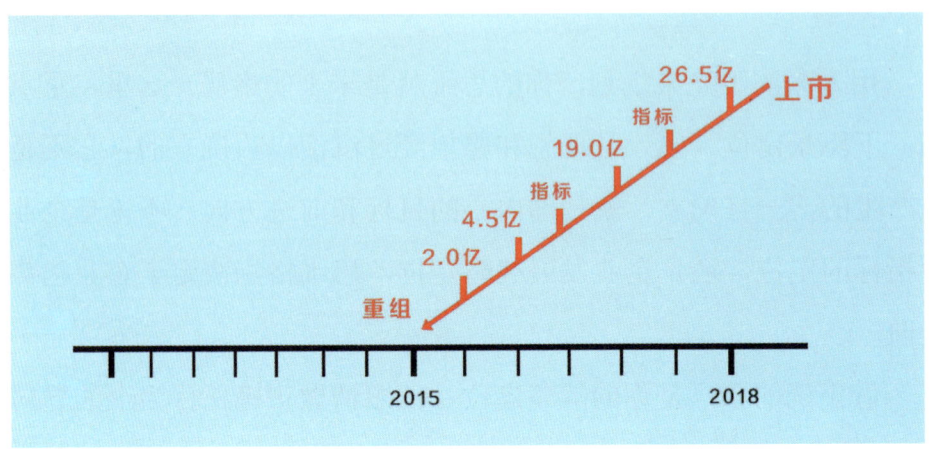

图1—5

不论你是经营自己的人生还是管理企业，目标路线图都具有重要参考作用。为了实现目标，首先要清楚自己在哪里，这是奔向目标的起点，然后设定目标。在通往目标的道路上，找出表现目标递进的各个节点，细化每个节点实施过程，这样你的愿景规划更具体、更可信。在每个节点的实施过程中，要筹划实施方式、方法，细化表现目标具体实施方案，定下具体的指标（如图1—6所示）。当每个节点目标都具有可落地执行的措施时，总目标实现就会更具有可操作性。通过对目标的详细分解，使你的规划更具体、更切合实际，这样的发展规划呈现在投资者面前是具有可信度的。

第一章 资本领袖

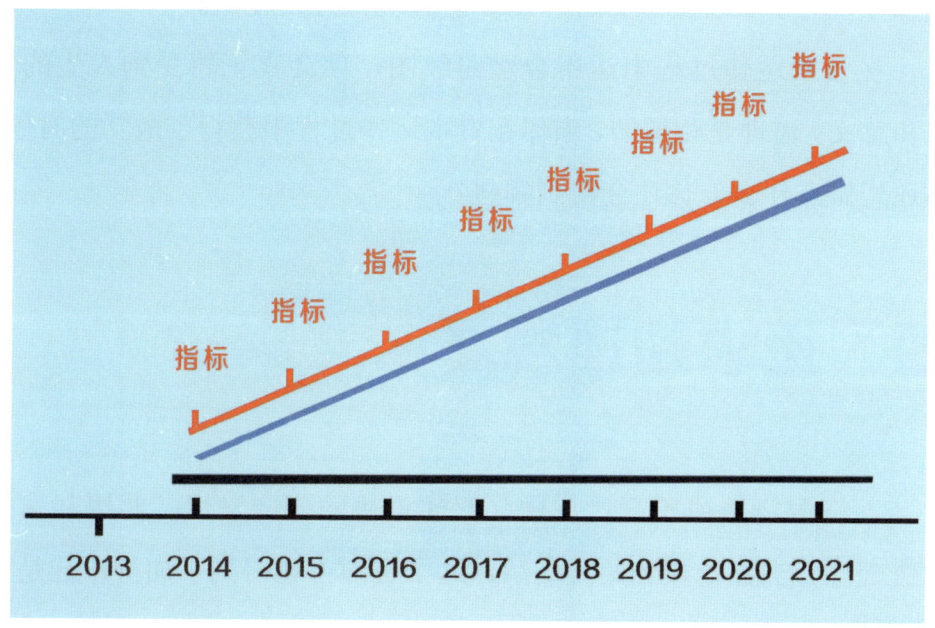

图 1—6

金融路线图是企业在特定的时间设定的经济指标，如果把它转化到经营人生目标规划上也完全适用。

当你愿景清晰，知道自己的目标和方向的时候，会认真做好当下，你的知识积累和各方面资源储备为实现目标创造条件，实现目标必须具备的知识，也一定会去获取。当你的思维格局打开以后，行为方式也会有所改变，在规划自己的人生过程中将会更积极。愿景是你要去的彼岸，对你人生规划和愿景要进行切割，再用表现目标进行量化。愿景目标是你今生要去的方向，正确的使命和价值观保证你不会偏离方向，你所有的努力都应该以此为中心。在困难的时候，能够坚持自己的前进方向，是你愿景目标支撑。表现目标是度量你特定时间完成分目标的量化，让你每时每刻都在坚持。其中的分目标是愿景目标组成部分，为了实现愿景目标，用你的表现目标去度量。

在资本运作过程中运用金融路线图，你会真正感受到人生的价值和意义。道理是相通的，当你在资本运作过程中获得了成功的时候，你还想做点什么？你还会得到哪些？

四、追求超速发展

在资源链接或整合过程中，要注重协同效应发生，要用共赢的思维理念。当你链接到某种资源，这个资源方也得到了加持，这是乘法的应用；相反，假如让资源方的资源减少，结果是减法。为了避免减法的发生，要做到充分了解对方的需求点，不要卡在某个点上。真正了解资源方需要的是什么，比如他需要用陈皮做药材，你需要以橘肉解渴，那好，你就把这个橘子分开，各取所需，这样才能双赢。

资源整合绝不是简单的"加减乘除"，需要建立一种多方共赢的机制才能使其真正具有生命力。如果用你的思想和理念整合资源，双方得到的是共赢——钱买不到的东西可以用理念和思想去收购，从中可以映衬出你的经营模式背后的增长潜力，投资者看中的是你未来的预期收益——当你成功整合了资源，你的能力就得到了倍增，这就是乘法的具体应用。

加减是一件事情不可分割的两个方面。当你在这边做加法时，在另一方面一定会有减法出现。它们是事情对立统一体，有加法出现就会有减法生成。资本运作或做股票，不做加减法，要做乘法，即通过资源嫁接，使双方的能力都得到提升，这样才能助推你快速实现预期目标。

那么，怎样理解乘法含义？例如，你有一根火种，去点燃另一些能够共燃的火种，使一个或多个火种共燃，此时你并未减少什么，而你所处的环境——能量场的能量得到了倍增。**资本运作的健康理念就是相互助力，共同成长。**点燃能够共燃的火种，照亮所有人，资本运作就是这样嫁接资源，有机整合、优势互补、相互借力、共同发展。这时你就是利他的（关于利他效应将在后面进行探讨）。

如果中国企业家都能有这样的思维共同参与做事，把我们国家现有的资源按产业链进行整合，充分利用，把我们每个人的智慧集中到不同的平台上共同谋划，那么，任何想象不到的奇迹都会发生，资本奇迹也一定能发生。中国企业一旦抱团，就可以和国外任何一家公司比拼。利用我们的技术、资源及庞大的需求市场去打造产品全产业链，就完全能够立于不败之地。因此，中国企业应该把这种共赢作为理想中的愿望去追求。

回到现实中，我们还是要完善自我，提高对资本运作相关知识积累，增强判断能力，对目前中国的资本有一个清晰认识和理性判断，以期通过自身的成功让其他人从中受益，由此形成一个良好的互助、互惠的商业环境。事实上，这也是中国企业实现超速发展的关键点！

五、复制：从独木到森林

这里的复制，指的是复制公司。为什么要复制公司？因为复制原有公司的基本元素组建新公司，并进行复合投资、组合投资，才能实现资本裂变。从独木到森林，经复制后的公司用来组建新的公司，或者进行资本裂变，或进行其他方面的操作。复制的方法就是把原有公司缩小一定比例，形成新公司。既然只是体量上缩小，那么原有公司的基因还全都具备，以这种基因作为模版进行复制，把复制的部分拿出来成立新的SPV特项公司（即特殊目的公司或特殊目的的公司），进行投资组合或进行其他操作。其中投资的关键是尽量减少金融风险及资产负债，尽量分散风险，其结果取决于方式和方法。

复制公司常规的做法，具体来说，有的把整体切出来1/4，这种方法存在的缺陷是原有企业组织机构不健全，未搭建成良好的框架，组织机构不健全；而正确的复制公司模式的方法应该是把公司的整体缩小到原来的1/3，以同样的方式切去1/3作为模板，再对模板进行复制，形成新的板块。当然，这种复制出来的板块同样具有原来公司所有特质。复制公司的方法（如图1—7所示）。

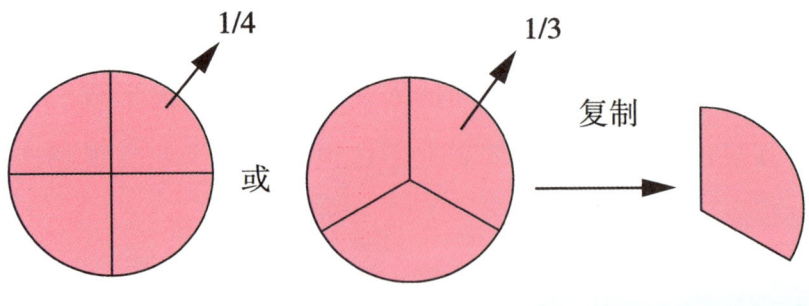

图1—7

六、突破传统实体经营模式

过去我们在经营实体时，注意力主要集中在企业的人、财、物、产、供、销等层面，制定方案，研究事情，路径是"市场运作—商业模式—结果"。随着市场经济发展，这种模式已经不灵验，远远不能适应新形势下经济发展的要求。比如，产品的同质化使企业进入了红海环境，传统的经营模式遇到巨大的压力。

当传统行业变得没有吸引力的时候，资本力量和商业模式结合，并借助大数据、互联网金融、物联网、3D打印技术等概念。这时，是跟进冲入还是等待机会？时间会告诉你：时不我待！

改变思维模式，借用资本的力量加上良好的商业模式，可以助力实体经济发展，进一步完善市场运作。做到基础完善，资本助推企业快速达到预期的发展目标，这样才能做到健康发展，形成一个良好的生态系统，获得更好的发展。用资本思维方式去谋划企业的发展，用愿景去规划企业的未来，用体系和模式去运行，这时的产品只是要素，它能创造或带来新增价值。对要素的要求，应该是健康的同时具有很好的前景和发展的预期。做好做实要素是进行资本运作的基础，资本运作健康良性发展离不开坚实的要素的支撑。

资本运作的路径是"设立结果—资本运作—模式策划"。首先，确认你设定的结果是可行的，而且这个结果设定是经过深思熟虑、综合考虑的，而不是一时的情绪激动拍脑袋想出来的，它是你今后

资本奇迹 创造财富的真正秘诀

要达到的目标。当目标明确了,内心便会产生无穷的动力,在你的起点到目标的线路上找出关键点进行切割(分解目标),找出要实现各个目标的方法,通过融资助力推进,分解实现目标。再制定出相应的商业模式,保证实施过程,把未来的收益拿到当下,把相应的分配方案很好地落实下去。

传统经营模式是"滚雪球"式经营,即用企业利润再投入再扩大、再生产,循环往复地操作,球越滚越大。很多国内中小企业都存在类似问题,企业完全靠原始积累进行资金扩张,不懂资本运作,不了解资源整合,不懂得借用外面的资金来做强自己的企业。这种"滚雪球"式的经营方式是难有突破的。

在实体经营管理过程中,多年沉淀下来的固有思维方式有时很难改变。这在现行的经济体系运行过程中会阻碍企业发展。要适应新形势,就必须改变思维方式。改变意味着放弃原来已经习惯的思维方式和行为方式,放弃一部分去换取你不具备的资源,你会在放弃中得到收获,你的体量会在短时间内得到充实和完善。这就是思维方式的改变最终导致行为方式的变化。

在资本运作过程中,有些事情用通常的逻辑思维很难想清楚,看到的有时未必真实,听到的不一定存在。如果能够接受并变成你逻辑思维的一部分,那你的思维方式就已经转变。不符合逻辑的思维或者正常的逻辑思维也许行不通,但却收到良好的效果,这就是奇迹。所以我们这本书的名字叫"资本奇迹"。

犹太人的资本运作方式就是一个奇迹。犹太人两千年没有家园

的历史塑造了他们顽强的民族精神。他们有坚定的信念，没有什么事情可以难住他们。美国华尔街约有50%的精英是犹太人，他们真正掌控着美国的国家财富。犹太人在资本运作过程中善以小搏大，用巧力嫁接资本资源。这种智慧对提高我们运用资本的能力是有益的！

那么，如何用巧力嫁接资本资源？对于传统经营模式下的很多中国企业来说，要改变思考问题的方式，多思考行业趋势、走向，及操作趋势上或未来发展方向，做产业链条上游规则上的事情。如果企业的传统产品不变，可以从延伸产品的方向去考虑，从纵向或横向深入思考，发现新的亮点；还可以做趋势的模式，借用各种资源改变过去的模式，发挥智慧和潜能，搭乘资本经济时代运行班车，完善自我、惠顾他人。在这里，西方经济学中"边际利润"的含义更值得传统企业思考。当传统企业追求美好未来的时候，共建共赢是很重要的。事实上，良性健康的资本生态系统靠的就是有智慧的企业去共建共赢。

七、将目标放大 10 倍再思考

逻辑需要前提，包括大前提和小前提，合理的逻辑要求实证，而资本运作过程有时是不符合逻辑的。从某种意义上说，不符合逻辑的资本运作才是资本的逻辑。下面，我们不妨通过对电信产业、培训机构、传统商品营销这3个不同行业案例的资本逻辑进行分析，来告诉你将目标放大10倍再思考的道理。

资本奇迹 创造财富的真正秘诀

先来看电信产业。

电信产业在初级阶段,通过电话在线链接的两端人们可以听到对方的声音。当时人们运用逻辑判断是想不清楚的,所以就将其称之为奇迹。不符合逻辑的思维被叫做奇迹思维。同样的人,不同的做法,会产生完全不同的结果,关键是你能接受的程度。

如果你是一个成功的企业家,经过多年打拼企业已经初具规模,你很想把企业做强做大,目标明确——希望有一个更大的平台去施展,进一步实现自己的人生价值,为社会做更大的贡献。这时就需要你以融入资本的思维方式,重新规划企业今后发展方向——愿景产生思路、思路搭建框架——建立合乎逻辑的理论数据,嫁接资源,做好支撑,设计合理的模式积极运作。

回顾一下你起步时的状况,那么今天就是你起步时期的结果。如果把当下作为你的新起点,设计今后几年要达到的目标(愿景),然后在目标路线图上进行切割,把节点找出来,每个节点都是你愿景的分解目标。为了实现各个时期的目标,一是找出实施的方案;二是完善具体的计划、方式、方法以及保障措施;三是明晰为保证目标完成的理论数据;四是清楚实现目标的支撑资源是什么;五是确定目标实现后,利益如何分配?各项落地措施如何有效保证实现目标。

通过上面周密详细计划,各项分目标能够得以实现,那你的总目标是现实的、真实可信的,同时也是具有可操作性的。这种思考问题的方法是先设定结果,然后寻找实现目标的方法,接着对你要实现的节点目标进行分期融资,接下来再设计相应的商业模式,做到工作推进有程序、目标实施有依据。这时,你的思考问题方式就已经由传统思维方法转换到资本运作思维方法了，你就可以利用资本作为资源，借助各种支撑平台对各种可靠要素进行嫁接整合，进一步挖掘你沉淀的资源，多种有利因素助力，缩短到达目标的时间，从而把你的预期收益移植到当下。

借用金融资本的力量，使企业的规模和实力得到迅速提升，一步到位占领竞争的制高点，这种思考方法就是资本运作思维。相反，假如企业完全靠资金积累滚动发展，把自己的利润不断投入到扩大再生产中，就是传统企业"滚雪球"式的发展模式。

在融资过程中，有两点需要注意：第一，是用债权融资还是股权融资要考虑清楚。如果你需要流动资金而用股权去交换，等同于你放弃企业部分支配权益去换取债务负担；如果你需要股本金而用信贷资金去填补，那你就犯了短贷长投的错误，会导致资金链的断裂，酿成财务危机。如果几千家或几万家企业都犯这样的错误，就会导致国家金融危机。清楚两者的关系是每一个企业进入资本运营之前必须要学会的知识。第二，如果你采取的是股权融资，就意味着你要放弃什么，去换取你不具备的资源。

目前，中国绝大部分人认为的创业还是实体创业。公司虽小但只要掌握正确的方法，加上思维格局足够大，并融入资本的经营方式，同样可以在资本运作方面发挥潜能。殊不知，你的思维方式、行为方式决定未来发展，愿景不是凭空产生，是美好的愿望经过沉淀后确立的。它是你前进的方向，在你的内心会生发动力，远景会引领你走向新的发展阶段。这些都是由于多种信息的积累使你的思维所决定的。

从各种有用的信息中得到启发，会使你产生新的思维。你得到

资本奇迹 创造财富的真正秘诀

的启发别人是看不到的。当有合适的工具之后，加上好的方法，是能够用于实践创造的。当你以不同思维方式思考，再运用相应的工具产生能量，别人很难看得清楚。看不到的东西是存在的，只是没有想到。

中国已经走入资本运作的时代，一个企业成长必经经历三个过程。一是提供智慧的力量，股权激励，资本模式。二是政治资源，掌握国家的政策导向，制定相应的企业发展战略，这对企业的发展方向至关重要。三是落地环节，企业上市，宏观规划，微观管理，各种咨询，从商界向商会，按照产业链进行规划整合，从单一向集群方向发展，打造产业集群，以共荣共生，相互加持，运用资本的思维方式推升中国小微企业产业升级，打造中国小微企业产业生态链，为今后企业抗击外来风险腾出空间，这就是小微企业在目前发展方向和未来。机会是创造出来的，投资有时靠直觉。直觉本身来自你自身的能量感觉，感觉来自你的灵魂。灵魂的根源是头脑，头脑产生逻辑判断。

在现实的世界里，我们创造了现实，但是展现在我们面前的东西未必都是真实的。有时我们选择自己相信的东西，再加上我们心中植入相信的意念，就会产生相应的结果。在投资领域里为了减少判断上的失误，这种植入式的判断方式是不可取的。这就需要我们先放下自己，从事件中跳出来，建立新的思维逻辑。同样一件事情，如果变换一下时间、空间、角度重新思考，我们的判断会更理性，这样的结果就会更客观，更符合实际。

再来分析一家培训机构用资本运营的实例，来看看他们是如何快速发展的。

第一章 资本领袖

国内的一家培训公司现有股东资金200万元。由于培训行业竞争激烈,公司经营实力不够,要想在这种情况下得到快速发展,必须解决两个问题:一是专业培训团队,二是培训生源。如果聘请专业培训人员薪酬压力很大,而且生源问题还没有解决。这时决策者运用资本运作理念,制定了快速发展规划,用吸收股本金的方式招聘专业培训团队和管理人员,同时要求招聘人员带来生源。

培训公司决定释放25%的股权。其招聘人员的薪资待遇是:CEO(首席执行官)年薪15万元、COO(执行董事)年薪11万元、CFO(非执行董事)年薪10万元、销售经理年薪8万元、市场总监年薪10万元,并且,为保证公司正常运作,应急准备金为52.8万元。招聘岗位入资数量及占公司股比见表1—1。

表1—1

招聘岗位	年薪资待遇(万元)	需要入资(万元)	占公司股份(%)
CEO	15	400	10
COO	11	200	5
CFO	10	200	5
销售经理	8	120	3
市场总监	10	80	2
合 计	54	1000	25

实施这一发展规划后,具有共同愿景的专业培训团队和相应管理人员到位。接着公司又制定出了各个部分详细预算,按照总体发展目标和预算细化各部门管理。该公司以资本运作的方法,用原始股200万元释放出25%的股权,股权融资1000万元,建立新的合资公司。

资本奇迹 创造财富的真正秘诀

短时间内公司资金、管理、经营方面得到迅速提升。股息政策是按照投入所占股比享受收益，通过综合分析筛选确定了专业岗位人选，经过短时间理顺、磨合，职能部门工作效率得到充分发挥，公司效益有了显著提高。

现在我们做一下分析。该公司虽小但是思维格局准确，决策者知道自己的处境，知道自己想要什么，放弃什么去换自己所不具备的。也就是说，运作资本时可以没有货币资本，但是有信用和价值资本，用无形的资本去撬动有型资源，股权也是调动股本金的资源，用释放股权的方式，建立汇聚资源的交点，把积累的资本用于公司核心能力的扩张，根据自己的实际情况进行商业模式的设计，完成公司发展规划，达到制定的目标。

该公司用吸收股本金的方式招聘专业培训团队，解决了资金的来源问题，同时也解决了生源问题。按照资本运作思维制定相应游戏规则，然后按照相应规定做好相关方面利益所得，以小博大，用少量的资金撬动了更大的资源，实现了企业快速发展。相比之下，如果用传统思维来看，支付每年58万元的薪酬是个难题。而决策者换了一个角度，跳出原来的思维模式，找出和目标相关联的事项，重新建立解决问题的逻辑思维。用未来目标做导向，聘请专业团队把公司引向管理高效、快速发展轨道，同时要求岗位应聘者还要带来生源，培训公司股本金由原来200万元增加到1200万元。通过培训公司的快速发展，团队工作效率明显提高，企业效益也得到明显增加，各方利益得到落实，皆大欢喜。公司依靠自身能力解决快速发展中的问题，这就是思维格局不同加上思维方式的转换给企业带来的不同结果。用愿景或未来的眼光看现在，你就是未来的格局。

其实一件事情的可行与不可行不在于事情的本身，而在于你的理念。如果你认为是可行的，就会去思考，寻找可行的方法，相应的模式就会产生。如果你认为是不可行的，但只要变换一下思考问题的方式、方法，换个角度建立新的思考，搭建相应的经营模式，不可能也会变成可能。

下面，我们再通过传统商品营销方面的实例分析，来看看不同的模式设计带来的思考。

知名连锁超市与传统营销模式不同，在商业逻辑的设计上考虑的是商圈管控，集群效应，控制客户到自己的店面消费，放量市场，吸引资金，形成资源聚集能力，再进行跨界整合，最后形成资本裂变。

香港有近千家连锁超市，商圈内100米左右就能看到同样店面。他们的模式是集团战略，重新定位，即把店面看成是银行储蓄网点，吸引资金流量。

连锁超市把香港的零售终端通过零售网点渠道进行覆盖，变成零售终端老大。这时其就有了渠道控制权，同时也具有了调动资源的能力，也具备了别人相信的信用资源。香港是亚太贸易桥头堡，想把自己的业务进入香港或者走向全球，就必须接洽连锁超市。连锁超市主要用自己的货架作产品展示。由于货架有限，就需要竞价。要想使自己的产品能够被更多的人接受，就要到连锁超市的货架上展示，连锁超市给客户提供商品的展示权。从销量和数据就可以看得出来，如果销量好，客户会有一段时间的账期，而且客户也不能不接受，因为没有更多的选择，连锁超市有谈判的主动权。

资本奇迹 创造财富的真正秘诀

连锁超市把商品做成了流动平台，赚不赚钱是次要的，让绝大多数客户与自己产生关系是重要的。当人流加大以后就变成了社交平台和体验平台，就形成了人流聚集区。由此，连锁超市具备了大量资源调动能力，成为了吸储平台，用别人的货品吸引自己资金的沉淀能力。连锁超市的运营成本只需要竞价排名、产品展示等运营就可以平衡，然后再把沉淀的资金投向当地金融进行消化。经过多次循环进行增值运作，利用商品产生的大量资金沉淀。快速获得资金收益，哪怕是平价出售商品，也增加了存款数额。

这样一来，连锁超市的经营模式就完全改变了，而且这种经营模式外行人看不懂，其交易模型与别人完全不同。简单来说，资本交易的模型是：放弃主业利润，快速市场扩张，形成销售渠道的控制权，调动其他资源为我所用。

连锁超市的交易结构和流通方式的设计是在原有可能的基础上产生的。这对于做传统企业的应该有什么样的启发？最重要的是可能性。有了可能性，传统企业才能够建立可能性的思维逻辑，然后再调动各种资源，建立相应的模式，一步步实施。

第一章　资本领袖

思考题：思维方式的转换你遇到了什么？你有什么感觉？

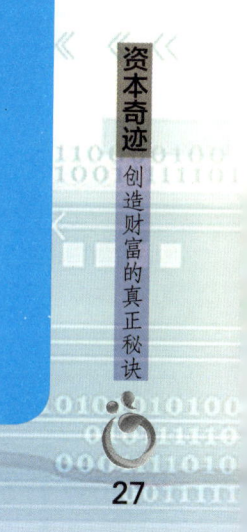

第二章

红点理论

企业的决策者就是企业的"红点",每家企业都有自己的红点。投资者在决定投资一家企业的时候,除了进行必要的经济法律层面的调查之外,红点是投资者考察的重要因素。

资本奇迹 创造财富的真正秘诀

企业的决策者是企业的精神领袖和前进的发动机。他可以没有职务，也未必控股，甚至可以游离到管理团队之外，但是，他无时无刻不在决定着企业的发展方向和生死存亡。

企业的决策者就是企业的"红点"，每家企业都有自己的红点。投资者在决定投资一家企业的时候，除了进行必要的经济法律层面的调查之外，红点是投资者考察的重要因素。

什么样的企业值得投资？如何评价企业的管理水平？红点理论从另一个视角为我们提供了一套行之有效的考察方法。

一、红点理论：锁定核心资源

红点理论由黄哲贤博士创立。黄哲贤博士现任新加坡国家商联总裁，同时兼任数家创业投资公司总裁，是亚洲赫赫有名的犹太商道实战专家，他也是亚洲著名的超级投资者。他协助安排总值超过40亿美元的草根创业基金和天使投资融资项目，其中包括土耳其、约旦、巴基斯坦、巴林、马达加斯加和南非等国家的城市基础设施建设项目，以及综合度假村等综合性工程。黄哲贤博士擅长大规模高风险的融资项目，包括城市运输开发、科技园及新一代工业园的规划和融资。在中国、巴基斯坦、巴林、沙特阿拉伯、土耳其、毛里求斯、马来西亚、新加坡等国家都拥有丰富的政府资源网络，参与了许多企业的孵化过程，并承担各种复杂的金融工程和兼并购投融资项目。

第二章 红点理论

　　不论是一般实体企业还是多元化经营集团公司，不论是创业之初还是已经达到一定规模，企业的决策者在管理团队中充当的角色决定着企业的发展方向。红点理论以全新的视角，衡量团队管理效能以及协作配合能力。你的团队结构和管理水平是否能随着企业的成长而同步提高？为什么国内私营企业发展到一定程度会踌躇不前？是不是你已经知道出现问题，但是想不出很好的办法去解决？红点理论能带给你启发性思维，帮你分析查找原因，引导你通过自我诊断去找准问题，并采取有针对性的方式、方法解决企业发展问题。

　　如果将企业创始人或决策者定义为企业红点，那么应用红点理论，我们可以解决三方面的问题。一是评估企业管理水平。企业管理处在哪个阶段，是否越过了"银河系"，企业团队结构状况处在哪个层面，企业整合资源的能力如何等。二是在此评估的基础上，对企业的组织构架进行必要的调整。三是为投资者提供是否值得投资的决策依据。也就是说，**通过红点理论可以直观判断出你的团队执行力能够达到什么样的高度。**

　　红点理论认为，如果企业的决策者能够游离到团队之外，并且能够很好地掌控企业，能够充分发挥团队的智慧和效能，这就说明决策者的思维、格局、能力以及团队执行力已经达到一定高度。这被我们称为企业管理水平已经越过了"银河系"，企业已经成功实现了转型，你引领的团队已经上升到另一个层面。

　　相反，细心观察那些没有越过"银河系"的企业就会发现，这样的企业决策者的工作方式和工作内容，往往是事无巨细、亲力亲为，每天忙忙碌碌，紧张辛苦，放心不下，紧急的事情冲击重要的事情，分支机构越多管理效能越低。对投资者而言，投资这样的企业风险相当高。

企业决策者从企业创立，经历逐步发展，到企业初具规模，管理方面也由当初的个体式管理，发展到家族式管理，进而发展到职业化的团队化管理。随着企业经营规模进一步扩大以及分支机构建立，企业决策者应当更多思考企业战略层面上的问题，而具体管理和执行层面的问题依赖于良好的机制和团队职能。

作为企业的决策者，应当主动调整自己的角色，尽可能在公司管理团队之外，操作一些战略层面的事情，谋划企业定位及发展方向，做好资源整合方面工作，而不是管理具体事务，具体事务应授权给管理团队实施。这时，我们认为决策者已经是具备一定能量的红点，会有越来越多合作者加入，企业就成为了资源互动的平台。这样已经越过了"银河系"的企业具备了整合无穷大的资源的能力。

二、图解红点理论思想内涵

下面，我们结合视图，一步步解析红点理论的思想内涵。

图2—1中，只有一个红点存在，表明企业处于刚起步的初级阶段。该阶段创始人有激情，有梦想，有魄力，但是没有明确的规划和目标定位，做事凭感觉，企业前景缺乏清晰度和能见度，可以称之为"菜鸟"。这个阶段总的特征是：做事有激情，很少有创意；凭感觉，见样学样；头脑很刺激，天真，能见度不清晰。

第二章 红点理论

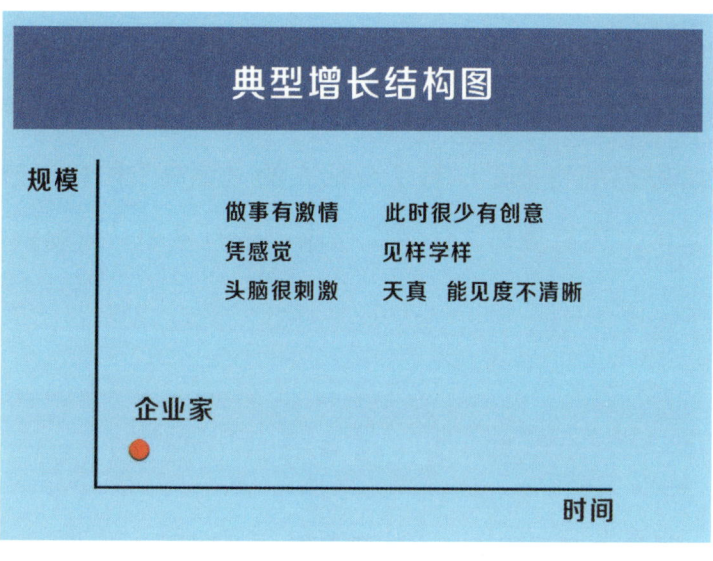

图 2—1

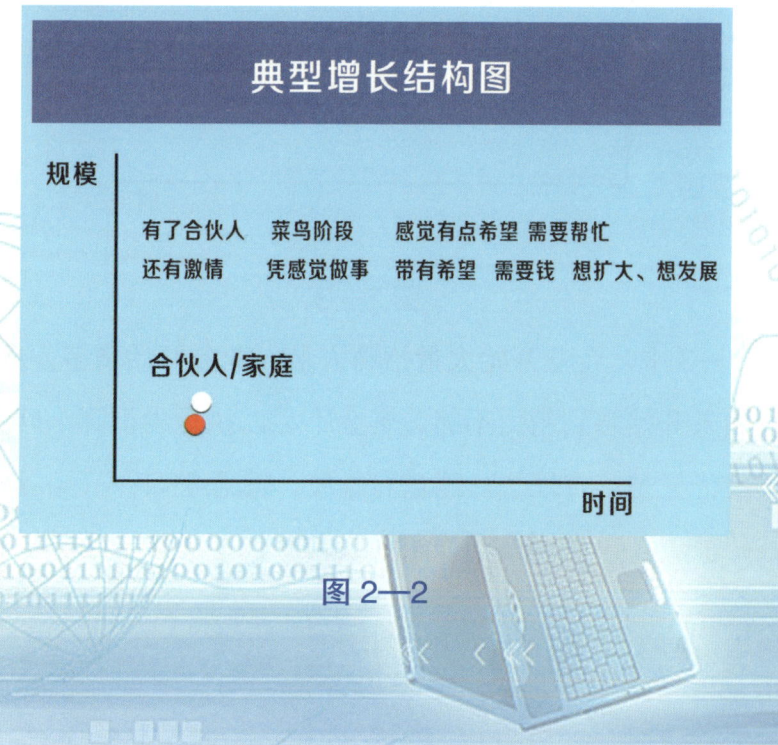

图 2—2

资本奇迹 创造财富的真正秘诀

图 2—2 中，企业逐步发展进入下一阶段，创始人找到了自己最信任的合伙人及家庭成员。这一阶段，创业者更有力量，对企业前景充满信心和希望，但创业者既是老板又是员工，与员工紧密联系在一起。这个阶段总的特征是：有了合伙人的"菜鸟"阶段，感觉有点希望；需要帮忙，还有激情，凭感觉做事；带有希望，需要钱，想扩大、想发展。

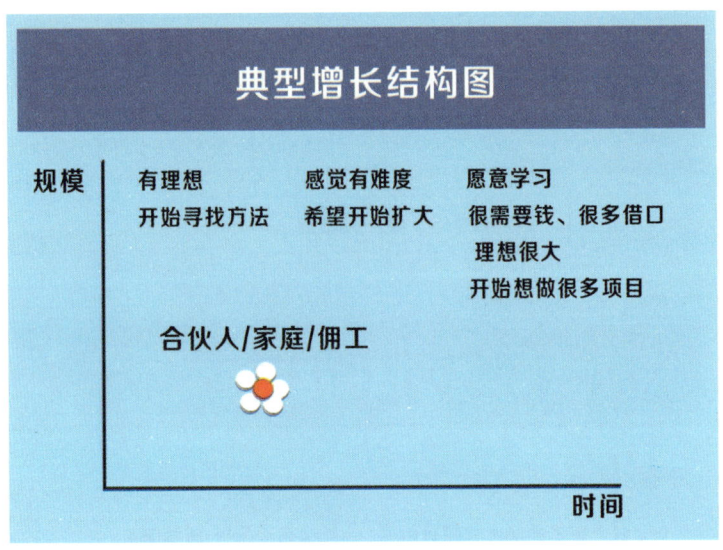

图 2—3

图 2—3 中，企业开始大量招聘人员，业务开始增多，事务繁杂。这时创始人开始感到精力不够、资金不足，执行力下降，感觉力不从心。总的特征是：有理想，感觉有难度，愿意学习；开始寻找方法，希望开始扩大，很需要钱；理想很大，开始想做很多项目。

第二章 红点理论

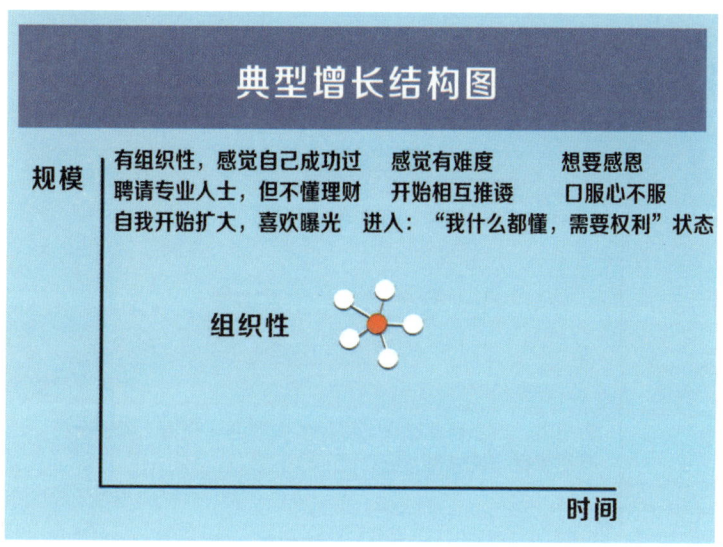

图 2—4

图 2—4 中，创始人尝试将具体事务授权给部门负责人，企业中层管理团队形成。但是创始人每天需要面对各部门的大小事务，不能离开企业，充当救火队员的角色。创始人开始向外需求解决方法，通过学习得到启发。总的特征是：有组织性，感觉自己成功过，感觉有难度，想要感恩；聘请专业人士，但不懂理财，开始相互推诿，口服心不服；自我开始扩大，喜欢曝光进入，"我什么都懂，需要权利"状态。

图 2—5 中，创始人聘请专业的管理团队，其大部分的自由得到了释放，自己只抓一两个核心部门，看事情的角度有了变化，从而感觉周围人步调跟不上，需要带领团队共同提升。企业已经越过"银河系"，成为可投资企业。总的特征是：有愿景，明白商业模式，深挖扩大理念，平衡、清理角色；有能见度和清晰度。

典型增长结构图

规模

专业团队

有愿景，明白商业模式，深挖扩大理念，平衡、清理角色
有能见度和清晰度 CEO\CFO\COO\CIO\MD

时间

图 2—5

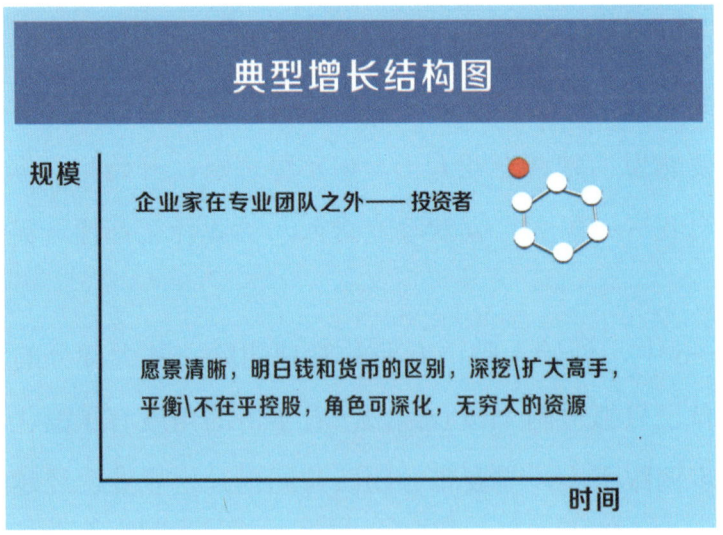

典型增长结构图

规模

企业家在专业团队之外——投资者

愿景清晰，明白钱和货币的区别，深挖\扩大高手，
平衡\不在乎控股，角色可深化，无穷大的资源

时间

图 2—6

图 2—6 中，企业继续发展，形成了相互配合的环状相连的组织结构，企业有明确的商业模式和资本运作模式。创始人已经不再过问企业的具体事务，游离于管理团队之外，其主要精力在整合外部资源和定位企业发展战略，进而由实业家转身变成投资者。总的特征是：愿景清晰，明白钱和货币的区别；深挖、扩大的高手；平衡、不在乎控股，角色可深化，无穷大的资源。

通过以上图解，请对照红点的运行过程，思考一下你在你企业中的位置。

从企业初创、发展、红点游离到团队之外，可以判断红点的思维方式、行为方式搭建的格局，企业能够上升到更广阔的发展空间，红点把控企业发展方向，具有执行力的团队积极配合（如图 2—7 所示）。

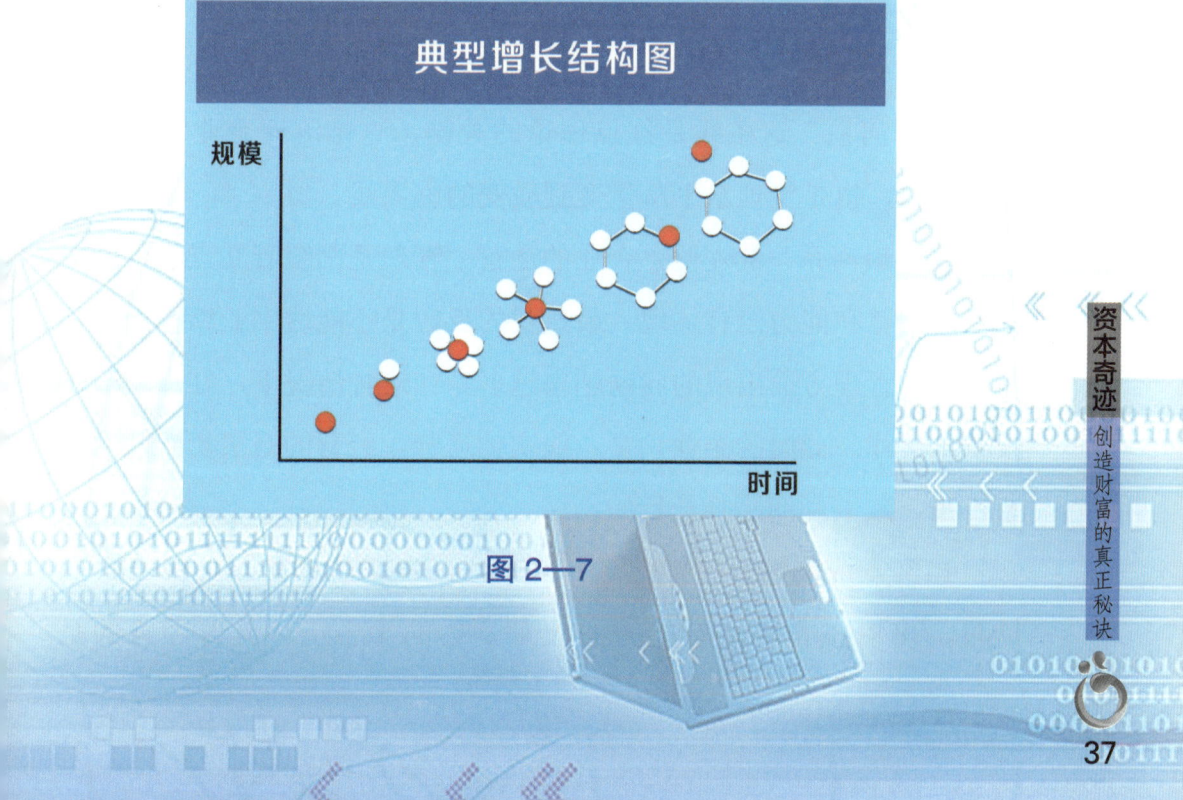

图 2—7

资本奇迹 创造财富的真正秘诀

当企业形成完整组织构架，企业运行依赖的是团队的智慧，而不是完全依靠红点，红点可以游离到团队之外思考战略层面的事情。这是对"银河系"的界定（如图2—8所示）。

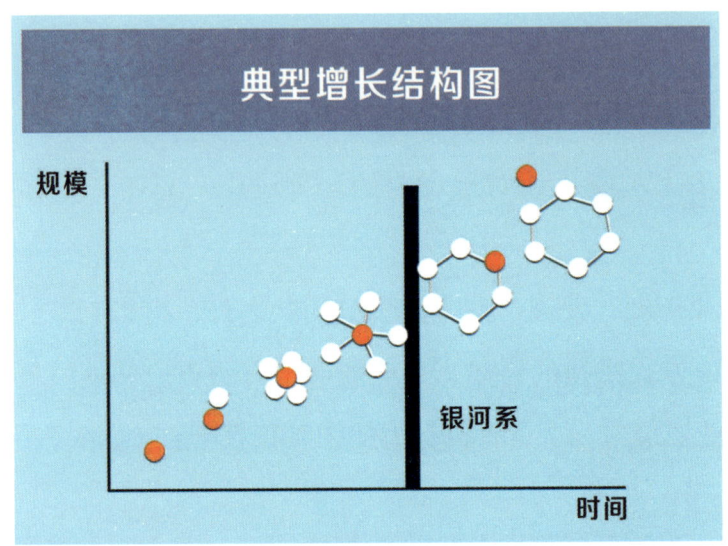

图2—8

"银河系"这条线是红点理论的关键，它是测评企业管理处在什么状态，也是管理水平从量变到质变的临界线。

在"银河系"的左侧，企业的运营、管理是围绕着红点进行的，团队的智慧和能力没有体现。最直观的反应是不能达到业绩预期，甚至下滑，管理方面出现的问题越来越多。在这种情况下，红点无暇顾及资本运作。此时的企业只是一般实体运营，经营的是买卖，流通的是产品，赚取利润是唯一目的。

当红点成功越过"银河系"这条线，说明红点已经具备一定的能量，可以整合更多有能力的人来到你的平台上。此时经营的是模式，运行的是体系，赚的是资本。越过"银河系"的红点，其思想格局达到了一定高度，心胸更加宽广，视野更加开阔，这时的红点即将游离到团队以外。

在整个事件推进过程中，随着红点的提升和进步，在观察和判断事情过程中，你会认为别人的观点与你有所不同，这时需要对自己进行必要的调整。不是因为别人的不同，而是由于你的提升，看问题的高度发生了变化，你的心发生了移动，这时应该带领团队一同走向新的高度。

在"银河系"右侧，红点可以游离到团队之外操作一些战略层面的事情。如果能走到代替层面，成功转型的话，说明你已经上升到另一个层面。另一个红点离开之前还剩下一个红点，再上一个层次移植到总部基地，也可能把红点组合到一起，聚集新的能量，进行资源整合、资金裂变，创造更多的财富。

企业发展到该图（图2-15）结构模式时，企业家要在团队之外，作为一个投资者出现。这时你应该理清思想，明确工作内容，理清大家的任务和角色，平衡各项事情，减少冲突，挖掘各种资源，使企业得地得气又得势。红点最重要的工作是设定、规划好企业发展目标及战略规划，要有一个可以量化的清晰明确的目标和方向。最实用的方法就是制定目标路线图，马上就可以量化每一步具体工作内容，同时进行相应规划和设计。

如果红点有愿望和想法越过"银河系"，想进入更大的操作平台实现自己的人生价值，首先要回答两个问题。一是想不想解决，这是态度问题；二是能不能解决，这是能力问题。

资本奇迹 创造财富的真正秘诀

接着往下推进，建立一个切合实际的运行体系，用团队智慧实施。再利用目标路线图进行设计、切割不同层面具体工作内容，找出达到阶段目标需要的理论数据、实施计划和方法，以及达到目标所需要的资源支撑。

现在你已经越过了"银河系"，你的思维方式和行为方式已经达到了一定高度。你应该用自己的能量去带动和感召周围的人，能量环境形成气场，气场影响每个人，心境不同，面相不同，印象不同，行为方式不同。这时的你可能是一个潜能的投资者，也可能是一个被投资者看中的人。

能将企业做到上市的人要能放下自己，越过"银河系"。要由专业团队去做红点，你要有能见度和清晰度，作为操盘手和投资者要有空间，对待金钱和物质要有合适的态度。明白自己的角色，知道自己应该放弃什么换取什么。要做好预算，合理处理股息政策，合理理财。最好的公司管理构架是你不在里面，但是由你操控事情的发展方向。你用多数人的眼光看待事情，你就拥有多数人的格局；你用未来的眼光来看现在，你就拥有未来的格局。

企业在银河系左侧，继续发展分支机构，团队执行力在下降（如图2—9所示）。

此时的红点思维格局没有打开，每天忙得不亦乐乎，总是跟时间过不去，企业一切都是围绕红点运行，经营风险增大，一旦有战略决策上的失误，对企业打击将是毁灭性的。站在投资者的角度来看，这样的企业是不可投资的（如图2—10所示）。

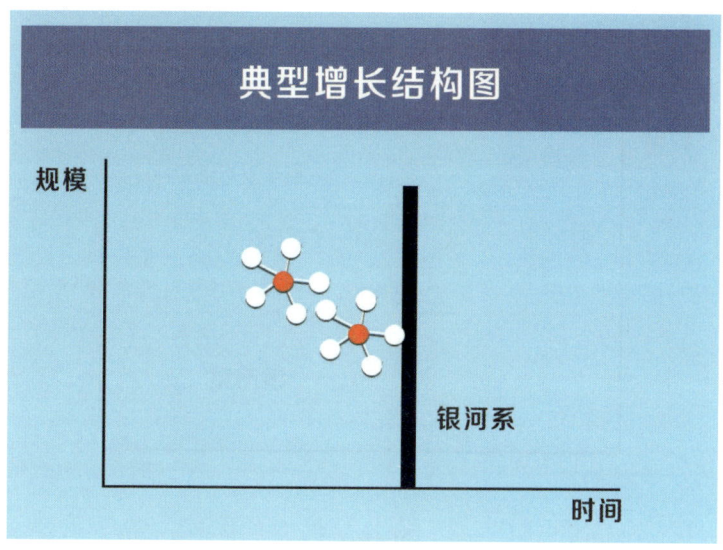

图 2—9

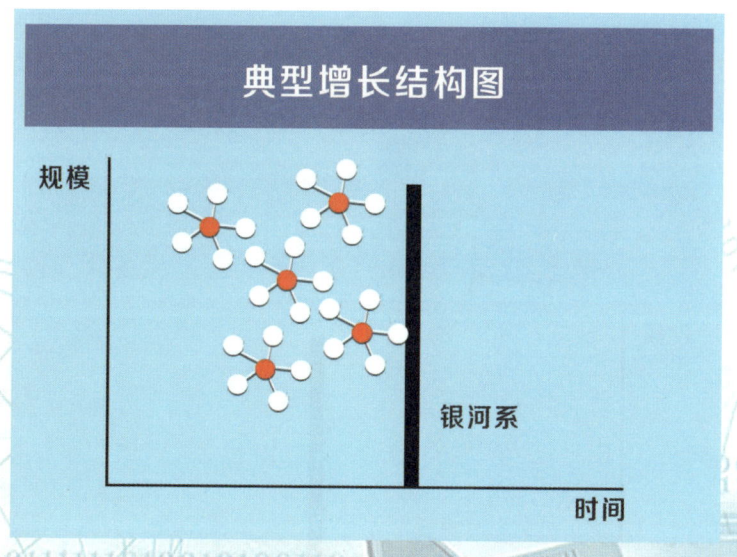

图 2—10

这样的企业,红点一定是身心疲惫的,全部企业的生死系于红点一人,非常危险(如图 2—11 所示)。

资本奇迹 创造财富的真正秘诀

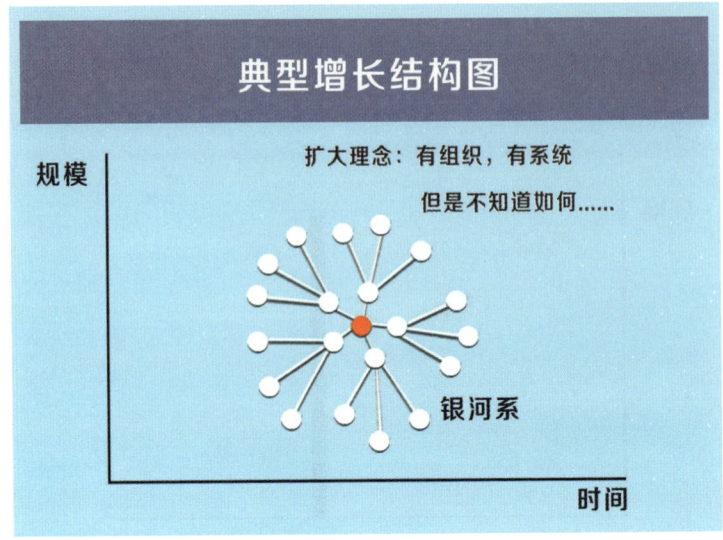

图 2—11

虽然已经越过了"银河系",但由于思维格局还没有真正打开,没有调整好组织结构,导致效益下滑(如图 2—12 所示)。

思维格局打开,团队智慧得到充分发挥,企业进入增长期(如图 2—13、图 2—14、图 2—15、图 2—16、图 2—17 所示)。

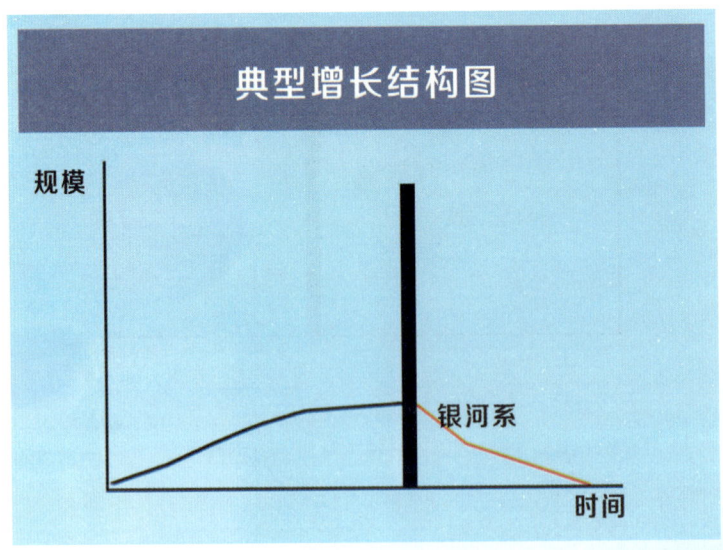

图 2—12

第二章 红点理论

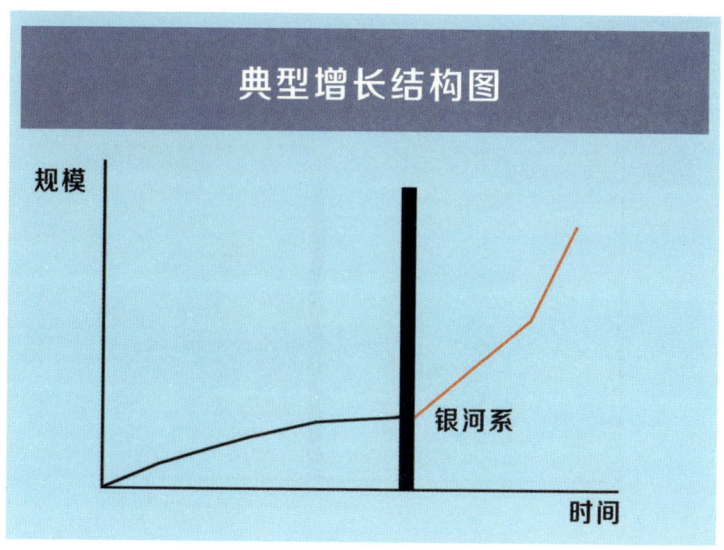

图 2—13

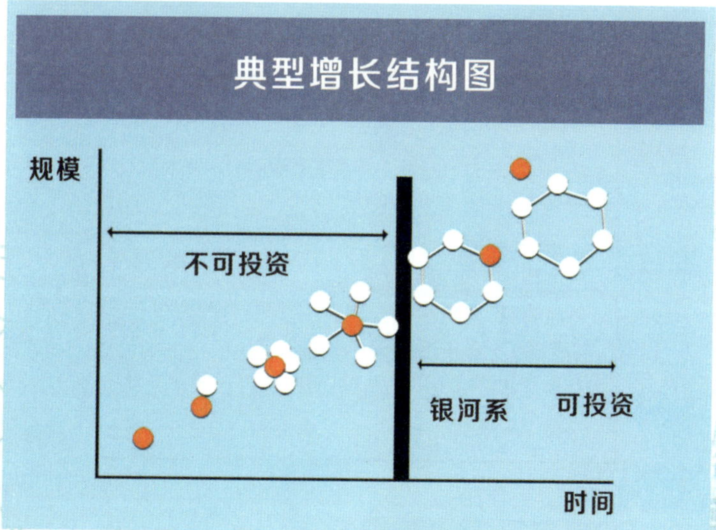

图 2—14

43

资本奇迹 创造财富的真正秘诀

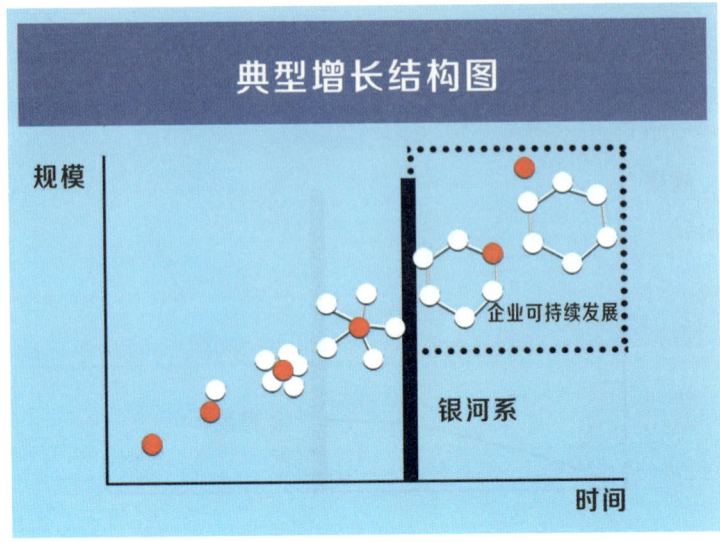

图 2—15

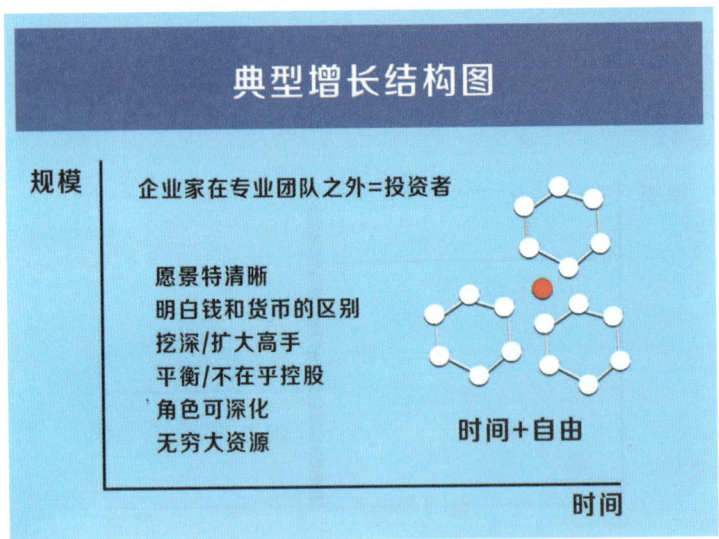

图 2—16

第二章 红点理论

图2—17

红点有清晰的愿景和目标，能够平衡好团队利益分配，可以把有能量的人整合到一起，链接各种所需资源，不在乎是否控股（如图2—18所示）。

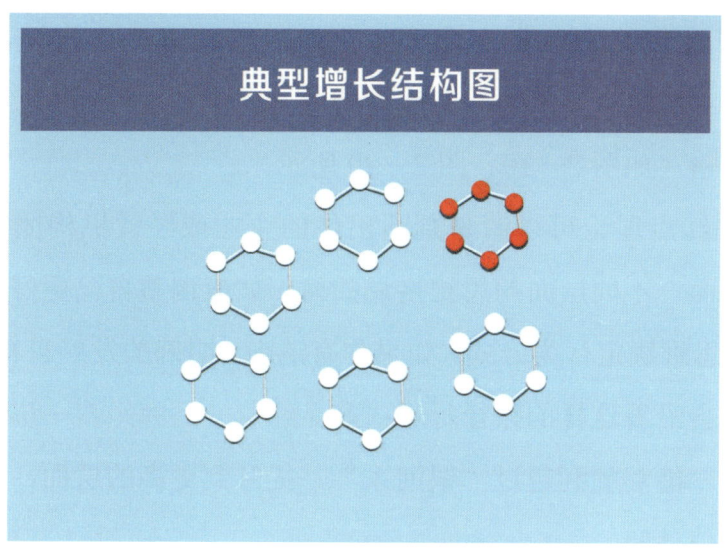

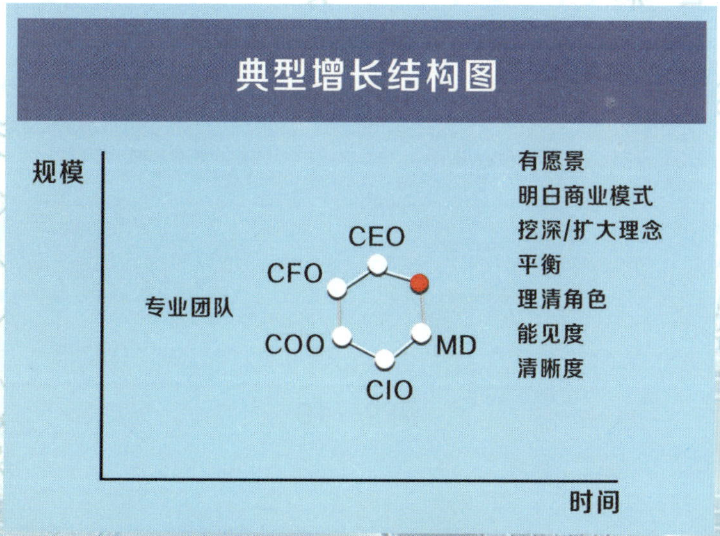

图2—18

资本奇迹 创造财富的真正秘诀

你想过你的企业将走向哪里？如何传承吗？企业的未来和传承——真正决定企业未来的是红点精神的变革与顺应，也是红点意识、愿景和策略（如图2—19、图2—20所示）。

通过红点理论可以清晰判断出你的企业或经营机构团队管理处在哪个层面，不同层面的思维格局如何，如何调整自己更好地适应今后发展。思维决定行为方式。如果你有清晰、明确的发展目标和方向，你的公司会沿着这样的路径行进：产品经营—品牌经营—资本经营—人才经营。能够顺利越过"银河系"，提升到更高的层面，增加人生过程的价值体验。

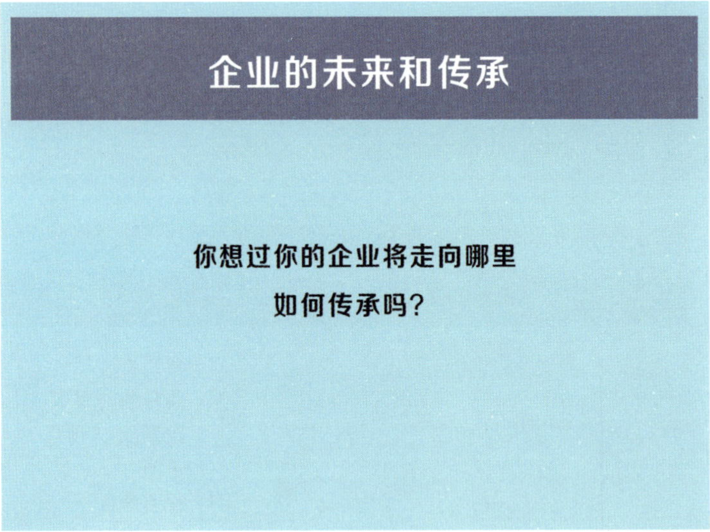

企业的未来和传承

你想过你的企业将走向哪里
如何传承吗？

图2—19

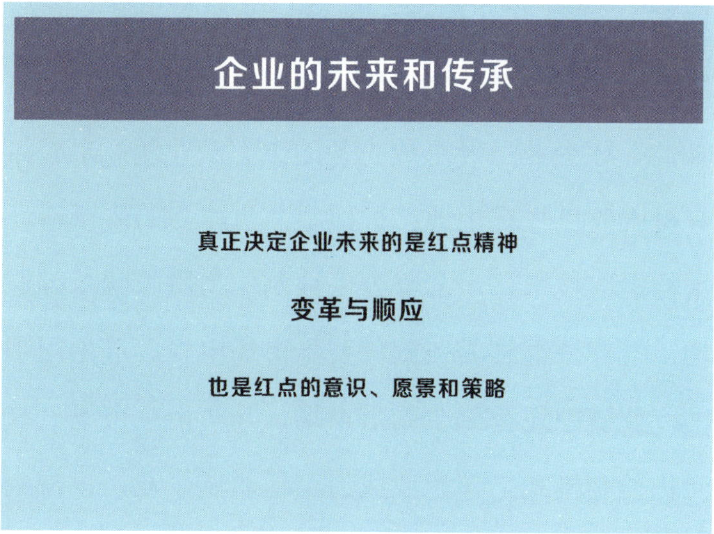

企业的未来和传承

真正决定企业未来的是红点精神

变革与顺应

也是红点的意识、愿景和策略

图 2—20

不仅如此，我们还可以运用红点理论客观分析自己。如果能够真正放下自己，你的身边将会聚集到拥有各种资源的人，自己的能量场会发生很大变化。通过传递和转化，将会获得更多财富。这个时候，一定要调整思维，跟上节奏，顺势而为，做好当下，同时还要敞开胸怀，把自己延伸到更广阔的发展平台上。

这时你的心智已慢慢被打开，在此基础上进一步了解下一章的内容——商业模式的策划。

三、红点理论实战路线图

山东某养殖企业创立于 2005 年。依托当地的产业基础，2010 年

资本奇迹 创造财富的真正秘诀

其已经发展到 10 万头奶牛的养殖规模。因在产业链的延伸和规划上具有独特性，已经形成产供销一体的有机奶市场。

不仅如此，该企业已经形成完备的生态产业链：牛粪做成沼气；残料生成有机肥改良牧场土地；种植中药材作为奶牛饲料，提高产奶量。利用生物提取技术，一部分公牛被制作为胸腺肽基础原料，形成胸腺肽市场；一部分继续养殖到犊公牛市场出售。母牛用于产奶和繁殖。此外，产业链中还有一个胎盘市场、几个衍生市场。真可谓是全方位、多元化盈利模式。该企业成为当地明星企业，也得到省政府的大力支持。

在企业处在蓬勃兴旺的最好发展时期，创始人牛某开始在其他地区陆续投资 5000 万，建设了 10 家养殖基地，复制产业结构。但是，企业的扩张和复制并没有给企业带来更大的产生和提升，反而让这家明星企业在 3 年之内步入了连年亏损的泥沼。主要原因就是企业的创始人和管理团队出现了问题！

由于是家族企业，随着企业规模不断扩大，创始人的思维格局并没有相应得到提升，仍然停留在具体事务之中，亲力亲为，充当救火队的角色。由于不敢授权和授权不当，管理团队出现严重内耗，管理成本大幅增加，导致企业发展一步步陷入泥潭。

一个好的决策者可以把一台"破车"带到山顶；相反，一个不好的决策者可以把一台"好车"拉到沟里。正所谓"成也萧何，败也萧何"！

决策者决定企业的走向，需要有比管理团队更高的思维格局，

第二章 红点理论

引领团队配合，借用资本的力量，规划好企业今后发展，才能走到更大的发展平台。

创始人如果能够放下自己，思考清楚真正想得到的是什么，采取必要的措施，通过打造专业团队治理结构，健全管理、监督及风险评估机构，就可以享受企业发展带来的红利。相反，思维格局不够，企业规模越大带来的后果越严重。愿景和目标不是别人帮你设计出来的，而是发自于你的内心。商业模式是为了实现你的目标而采取的一种方法和手段，出自于内心的目标会产生无穷的动力。这时需要静下心来认真思考，理清思路，找出问题的根源。

应用红点理论调整自己的思维方式和行为方式，有助于决策者对企业组织结构要进行必要的适应性调整，更好延伸企业发展。想舍去什么换取今后发展？能否建立有效的激励机制，充分发挥专业团队的智慧和效能？这些都需要决策者把握好方向，具体事项由团队操作，调整、完善现有管理机制，重新制定适应未来发展的组织构架，制定合理的分配机制。

决策者的思想高度决定事情走向，愿景由思维方式决定，企业框架及发展方向由你决定，不同选择结果也不同。 目标产生动力，通过团队运作使企业上升到另一个层面。企业应当通过打造专业管理团队，优化组织结构，再借助天时、地利、人和，越过"银河系"上升到新的层面，争取更大的发展空间。但前提条件是决策者的思维格局要放得开，再借用资本的力量助推企业快速发展，这样，前景是不可限量的。

资本奇迹 创造财富的真正秘诀

企业构架与组织模式的建立，直接影响到今后发展。以团队为中心的有机整体或以个人为中心的利益体，是衡量企业很重要的一项指标。单打独斗或团体智慧决定着企业不同的发展方向和模式，这是企业家和投资者的区别。

临界线两侧标志着企业具有不同的组织机构，不同的思维方式、行为方式。作为投资者，你要投资给谁？投什么类型的企业？企业管理者做事的行为准则，也是投资者需要考虑的问题。企业管理者是否有远大抱负和宏伟规划？能否有更大的舞台去实现人生价值，回馈社会？从另外的角度讲，对于企业经营者能够走到哪个层面，投资者也需要有清醒的认识。

思考题：作为企业决策者，通过红点理论学习，你如何重新认识、分析自己？

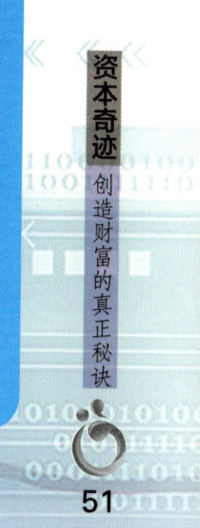

第三章

商业模式

商业模式是实现预期设定的目标所采取的手段和方法。不同的商业模式都要到经济体中,通过项目的具体的良性循环,去体验模式的准确性和适应性。

资本奇迹 创造财富的真正秘诀

站在投资者的角度分析商业模式给企业带来的价值增长潜力，可以给投资者提供相应的参考。

以往商业社会里的流行词汇是"战略""定位""创新""核心竞争力"，以及近几年的"蓝海""长尾"等，但"商业模式"却在没有统一的定义的情况下，以不可思议的魔力在21世纪席卷了整个商业社会。"商业模式"之所以忽然大红大紫起来，我们认为一定是有了新的元素进入到了商业里面，或者是商业社会在悄然发生某些变化，以至原来的语言和分析工具突然变得不够用，不好用了。这些变化包括：一是产业链变得越来越复杂，不同产业之间开始融合（IT/CT/互联网等）；二是企业变得越来越开放，彼此间的关系越来越多样化（M&A/PE/JV等）；三是企业原有的成本结构在悄然发生变化（轻资产/垂直整合/成本领先等），交易方式变得富有创新性，价值和收益不再是一一对应的关系，可以是一对多、多对一、多对多等多种方式。

在经济运行过程中，可以设计出各种商业模式。商业模式是实现预期设定的目标所采取的手段和方法。不同的商业模式都要到经济体中，通过项目的具体的良性循环体验模式的准确性和适应性。进一步讲，商业模式就是为了整体目标的实现，把未来的预期进行阶段分解，找出可行的模式，使每个分解目标都有可操作性方法。商业模式具有唯一性和特定性，别人成功的模式你未必能够适应，因为你掌握的资源和具体情况不同，最好的模式是通过自己不断总结完善提炼出来的。

企业定位清楚才有商业模式和资本进入，没有定位和清晰的目

标是不可以的。好的商业模式有利于企业健康、协调发展。定位准确，才能把企业做好，做成明星企业。团队培训也是今后要做的重要内容，找出有效可行的路径使得企业快速成长起来，就必须不断地完善，去掉存在的问题。只要焦点能结合并且方向一致，就能做足现在，为今后的预期目标创造条件。

商业模式就是为实现客户价值而构建的商业经营逻辑，以整合企业内外资源为平台，以打造独特的企业能力为核心，以形成持续运营的生态系统为导向，以实现客户价值为目的，以实现持续盈利为结果，然后嫁接到资本运作平台上，使企业快速发展壮大。在商业背景下，在竞争过程中的优势有可能转化成劣势。那么，障碍是什么？产生的原因是什么？是你思维的障碍限制了企业的选择。

思考问题时一定要注意以下两个方面：第一是要有全局观，要上升到战略层面看问题。用愿景和未来看事情你就是未来的格局，用大多数人的眼光看事情你就是大多数人的格局。第二是要以微观的角度看事情，转换一下时间和角度，调整思维。建立新的逻辑思考，你就会突破惯性思维，一切皆有可能。让你的团队做好战术层面的具体工作，扎扎实实把企业做实、做好，把切实可行的盈利模式嫁接到企业发展平台上，在客户价值实现的过程中，会随之而来一些附加产品，使你的收益所得水到渠成。

当前，技术创新已经不再是伟大公司区别于优秀公司的要素，当然这并不意味着技术创新不重要，而是说技术创新已经不够了。残酷的今天，企业要想基业长青，必须要超越技术层面，进行商业模式创新。低于成本的竞争优势根本构不成商业模式，挖掘未被满足的客户需求点，切割出具体的操作模式，这是企业未来具有成长价值的关键因素。给客户提供独特价值，满足客户精准需求，做客户需要的，让客户需要你，你的发展空间就会由此而产生。

现在企业之间的竞争，不是真正意义上的产品之间的竞争，而是商业模式之间的竞争，没有不赚钱的行业，只有不赚钱的模式。良好的商业模式，为企业发展增添了动力，良好的支撑平台再加上助力企业快速发展的外力因素，企业将获得更广阔的发展空间。对未来不能确定的、没有规律可循的每一个企业，应透过现象总结出一套适合自己的商业模式。事实上，自然界中能够生存下来的物种，并不是那些最强壮的，也不是那些最聪明的，而是那些对变化做出快速反应的。

商业计划书不等于商业模式，商业模式是价值主张，可以从两个方面体现：一是以满足客户精准需求为切入点。机会需要在客户未被满足的精准需求中发现，成功需要在满足客户精准需求中设计，全力提升客户的价值需求。二是实现企业持续发展和价值增长。在策划商业模式时要清楚，什么是我们的大环境？我们的产品处在相应的产业链条上的哪个层面？我们自身具有的资源以及能够挖掘出来的沉淀资源又有哪些？可以嫁接的其他资源是什么？能否进行必要的整合？

一、商业模式架构设置

商业模式的确立，首先要明确第一相关者是谁。它不仅与相关

的法律因素有关，同时也要考虑当地风俗习惯。确立商业模式要用宏观、微观相结合的办法，最好是别人看不到和模仿不了的。

麦当劳表面上是在经营餐厅，实际上为其创利的经营模式是房地产业。苹果公司经营模式是整合产业链，它的愿景是做世界上最大的电信公司，收取全额话费18%，它把最赚钱的那块交给了别人去做。戴尔公司是零库存商业模式，先收款后卖产品，对供应商采取现供货，一定时间的账期后再支付应付账款，把每个季度近120亿的流动资金投入到金融行业盈利。它们的运营方式是先进行资本运作，然后进行市场运作，再搭建商业模式。

上述成功企业，除了有内在的特质外，同时还具有切合自身实际的盈利模式，他们实施了钱买不到的东西——用愿景收购，用大的格局搭建平台，延伸产业链，以纵向延伸、横向拓展的经营模式开疆扩土，用数据来量化愿景，提高清晰度和能见度。

有一家地产公司，具有一定的实力，以相对低的价位拿到了偏离市中心的一块地，计划开发地产项目。如果用传统思维方式去筹划，商业地产不占地缘优势，该项目风险很大。那么，采取什么样的盈利模式呢？开发商进行了如下谋划：

一是重新规划设计。聘请世界一流的设计师，打造出具有收藏价值的艺术品，这种颠覆性的思维方法改变了产品原来的属性。

二是重新打造小区园林的规划，把人文关怀的理念融入其中，以独特的思维方法设计成园林景观。

三是重新定位销售群体，走向高端客户。通过重新定位客户群体，改变设计思路，消除原有的不利因素以及不可实现的事情。利用奇思

资本奇迹 创造财富的真正秘诀

妙想，以原来存在的问题为解决问题的着眼点进行切入，这是解决问题的关键，然后再转换思维方式。

该公司分析问题的方法是，先放下目前存在的具体问题，跳出来，站在另外的角度重新观察、分析，重新定位客户群体、寻找新的需求点，在高端客户需求点上深入思考，以满足高端客户价值需求作为解决问题的突破口，建立新的逻辑思考，搭建相应的盈利模式来解决原来的困境。

这种打破传统思维的方式是，先找出目前存在的问题，然后将思维从问题中跳出来，在与问题紧密相关联的事件中重新去建立逻辑思考，寻找解决问题的新方法。如果开发商只是就问题的本身去思索，就很难找到答案，通过转换看问题的角度去寻找新的方法，其最根本的就是找到了高端客户的价值需求。

事实上，了解客户需求不仅仅是一件产品所具有的功能，而是产品的背后能够实现的价值。 通过满足客户的价值需求，改变了原来产品的属性，把可居住的房子变成了具有可收藏价值的工艺品，极大地提高了原有产品的附加值和利润空间，把原来的死盘做活了。虽然该地块并不占地缘优势，在不方便中含有大量未被满足的需求，但也存在巨大的商机，谁把握住了谁就占有先机。

良好的商业模式，能够把原来不盈利的变成了盈利的，把不可能的事情变成了可能。 模式来源于你的思维方式和相应的逻辑思考，如果你认为事情是可能的，在你的头脑里就产生可能的思维，从而建立起可能的行为方式。

没有不能赚钱的行业，只有赚不到钱的模式。对商业模式价值思考的各个要素（如图3—1所示）。

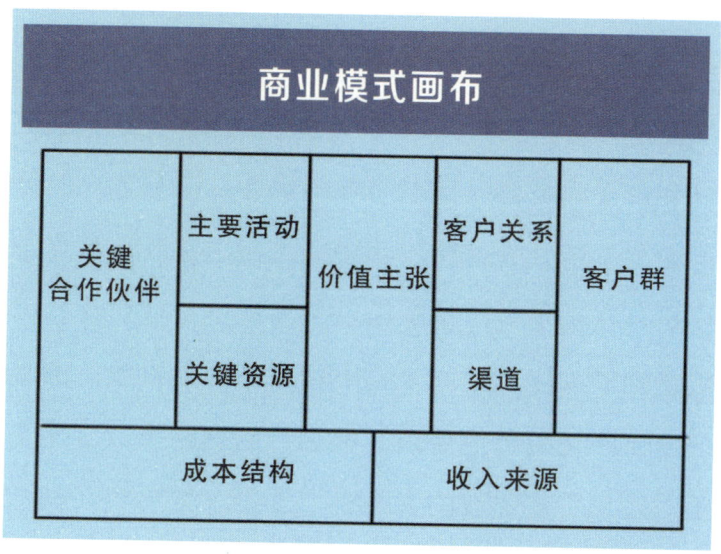

图3—1

一件事情如果在现有的条件下实施起来很困难，就需要变换一下角度，站在不同的时间和空间去重新思考。建立新的思维逻辑，就会产生更好的商业模式。由于你具有不同的资源，另外你还具有可挖掘的沉淀资源，同时你可以嫁接、整合其他资源，能够满足特定客户群体，因而能够建立切实可行的盈利模式。将别人成功的样板搬过来，对你未必能够适用，但从中你会得到一些借鉴和启发。你所掌控的资源不同于别人，最佳的商业模式应该是建立在最适合你的实际情况的基础之上的。能够满足客户价值需求并带来良好商业利润的方法，才能称之为商业模式。总之，一定要发挥智慧的潜能，以满足客户的需求为着眼点，拓宽思维寻找解决问题的方法。

在上面的实例中，地产公司创新商业模式的成功体现在哪里？

资本奇迹 创造财富的真正秘诀

体现在满足市场精准需求，这说明精准需求在哪里，市场需求就在哪里。其实这也是构建盈利的经营逻辑。目标客户定位是满足高端客户的精准需求，商业模式的切入点就是满足高端客户的精准需求。地产公司以精准需求为切入点，深入研究思考，在客户未被满足的精准需求中发现机会，在满足客户精准需求中设计，提升客户的价值需求，把原来不可能的事情变成可能，获得高收益。在高端客户价值需求上建立盈利模式，在满足客户精准需求的实现中进行设计、精准定位，实现企业效益的最大化，把原来的不可能变成高收益。由此可见，企业能给客户提供独特的价值需求时就会得到高回报。持续竞争能力的强弱取决于对客户价值实现的大小。

选择商业模式与自己所掌握的资源相关，差异化经营的点在那里时刻发生变化，商业模式也需要不断地调整。注意在未被满足的需求点上进行切割，策划相应的商业模式，才能理顺思路，调整方向。

通过上述例子可以看到，同在一个层面上的事情，转换一下思维方式，你观察事情的深度和广度就有所不同，就会有新的想法。**商业模式如何确定，需要重复不断地完善，在过程中逐步总结形成。**同样一件事情，通过不同模式的策划，可以做常规无法办到的事情。在所有不合理中去寻找方法，一切事情都有可能。常规不可投资的项目，通过商业模式的切割可策划出多种盈利模式，把原来不可投资的项目变成可投资的项目。关键的问题是，你的思维是停留在可能之中还是停留在不可能之中，可能的思维就有可能的思维方式和行为方式。

感性和理性的结合具有颠覆性。比如在手机领域，苹果感性的东西是看不到、摸不到的，可见创新不一定依赖高新技术，那些杰出企业往往是技术驱动式和市场拉动模式。这也说明企业对市场变化做出快速反应的重要性。满足客户需求并且具备成长性的价值，才是未来决定企业成长性的关键因素，能否给客户提供独特的价值满足是客户的精准需求。企业获得持续竞争能力的强弱取决于对客户价值实现的大小。

不一样的逻辑带来不一样的结果，当企业发展到一定程度时，产品不过是载体。**任何成功企业的扩张都有其内在的原因，别人成功的商业模式换到另一个场合未必能够成功，特定模式是在特定的环境下产生的。**在这里是成功的，在别的方面可能不适应。所以，在某种程度上讲，商业模式也是不可复制的。只有从自己的实际中提炼升华，找出相适应的、又有别于其他的，才是成功的商业模式。苏宁的商业模式是现金流；沃尔玛的商业模式是金融、供应链的管理；联邦快递的商业模式是航空业，如此等等。每个企业的背后都有自己的经营逻辑，这是看不到的。

下面我们共同分享一下国内建筑公司在产业链延伸过程中的商业逻辑。

这是一家国有企业，其具有的资产包括资质、品牌、技术及管理团队等。在建筑市场开放时期，有大量私营、民企公司出现，建筑市场不规范，建筑公司多数用垫资的方式承建项目，而当时的这家公司具有唯一海外建设项目的资质，由此引发了企业战略发展方向重新定位。建筑公司利用海外许可的资源及技术优势，先后获得了国外近百个建筑项目，当中标后，项目启动前能得到20%的预付款，然后随着建设的进行资金梯次拨付。另外，建筑公司还有劳务输出，最多的

资本奇迹 创造财富的真正秘诀

时候有50万人,每人要付5000元押金,通过资源优势调动了50万人劳务输出,并由此产生了25亿元沉淀资金。

对沉淀资金在产业链延伸,建筑公司又采取了如下步骤:通过对资源调动获取的沉淀资金回流到自己可控的产业里,接下来对国内的相关企业进行收编,在全国推开。这时,建筑的产业结构发生了变化。第一,通过资质、品牌及技术的授权收取费用。第二,收取工程建设管理费。第三,通过建筑公司的垫资,收取利息。先期进行软性收购,然后通过有限的资本,调动了别人的资源,得到了控制权,实现了交易量的增长,资本在流通中越放越大。这时,建筑公司又开始进入建材行业,控制建材产业,这是他真正的盈利点。通过构建产业集群,增加用户流量的消化能力,再通过N多个项目消化国内和海外市场。这家公司用交易量的资源,布局建筑行业,用很低的价格收购了近300家企业,控股后全部的企业报表统合上市,上市后又成功推出。

建筑公司拥有一组价值链:土地公司、房产公司、开发公司,以及土地公司开发商、承包商、采购商、投资商。如何创建和捕捉商业模式?其方法是创造客户群、价值链、客户来源以及收入来源,明确客户群体中关键的合作伙伴,设定相应的商业模式以及市场运作和资本运作。

分析建筑公司的交易结构设计,我们发现其有如下特点:第一,根据已有的资质、品牌、管理团队、技术优势及海外建设项目许可,通过一系列运作变成了行业控制力、聚集力;第二,利用整合的资源对国内建材行业先期进行软性收购,在全国推开,然后进行实际控股集团上市;第三,行业产业结构变化后,再通过有限资本调动别人的资源，实现了交易量的大幅度增长，此时资本在流通中越放越大，接着把产业链控制权向建材行业延伸，实现了规模采购量，再通过N多个国内、国外项目进行消化，掌握了流量控制权；第四，放弃主业利润，获得劳务输出流量控制力，把更多的优势附着在比较稳定的产业上，实现多点盈利；第五，谁能懂得智取、组合、兼并以及调配的能力谁就先期收获。经过这种环环相扣的交易结构设计，这家建筑公司把产业价值链"串"起来，掌握了行业话语权。

事实上，在任何一个产业都有上游和下游，以企业为中心会产生很多相关的产业链接。接下来了解一下产业链条。

当企业拥有一组产业链时，链条上每个阶段的利润点都是不一样的。比如，当处在价值链高端的时候企业的溢价能力、盈利水平就高，越往下企业的盈利能力越差，链条上利润高的环节可以继续进行切割，新的利润增长点就会出现。

目前，我国大多数民营企业处在产业链低端。掌控产业链和渠道的国外商人来到中国，他们把产品加工的订单给中国企业，很多企业充当了"世界加工厂"的角色，但我们拿到的利润是最低的，消耗的资源也是最大的，这就是民营企业面临的实际问题。为此，国家提出了优化、调整经济结构的战略决策，从产业层面设计今后的发展方向，应该向产业链的高端方向延伸，提高竞争能力和盈利水平，借用资本助推的力量和符合实际的商业模式去规划企业发展（如图3—2所示）。

资本奇迹 创造财富的真正秘诀

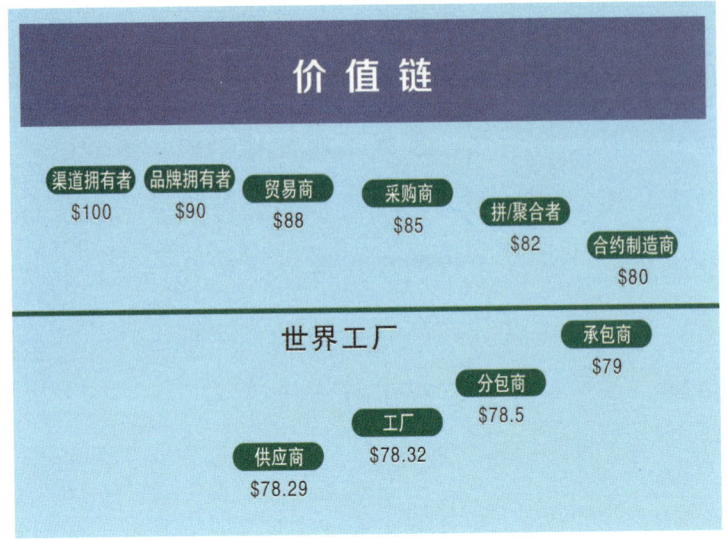

图 3—2

企业根据自身的情况，如果能够操作渠道拥有者或品牌拥有者，将获得高额利润回报；如果行走到"世界工厂"线下，就将是紧张、辛苦又劳累的。不管企业在哪个层面操作，都有自身价值实现的表现形式（如图 3—3 所示）。

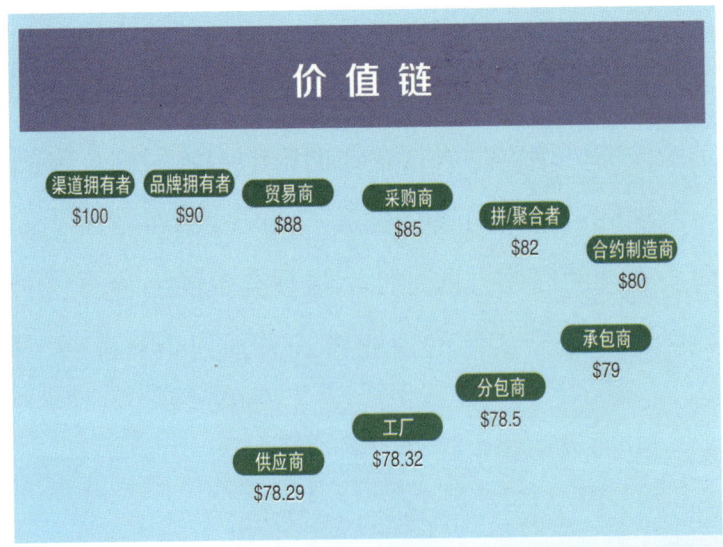

图 3—3

第三章 商业模式

换个角度讲，作为一个投资者，你如何看待处在产业链不同阶段的企业？这能够给你什么样的启发？

对产业链需要从四个方面了解：第一，你的上游、下游存在价值核心，如果能够存活的话，就有它存在的价值，是谁提供给他条件，分析清楚后才能为今后产业链切割提供信息基础；第二，清楚自己企业存在价值及所处的位置，以及所具有的和别人能给予的资源；第三，清楚整条产业链价值分配情况，清楚分配比重和价值点位；第四，根据产业链分析关键点，根据每个节点的价值指标判断哪里可以进行切割，设计什么样的商业模式去整合。

工业4.0也可以称为第四次工业革命，这是由德国政府提出的高科技战略计划，旨在提升制造业智能化水平。第一次工业革命，是利用蒸汽机做动力源；第二次工业革命，使用电力为生产提供动力；第三次工业革命，使用电子信息技术相关开发；第四次工业革命，建立以客户为价值中心的智慧工厂并集合相应技术进行服务。今后的服务业将以高技术融合、集团化运营的服务方式来增加客户的价值需求。而通过各种技术的融合来满足人们的价值需求，这就是良好商业模式策划的根本所在。

在工业4.0时代，商业模式已经上升到了一个新的高度，传统产业链就是最高端渠道的拥有者。新时代的商业模式侧重研究渠道里的渠道，通过配置相应的资源巧妙嫁接，结合资本运作方法，衍生出更多的盈利模式，使传统企业以前难以达到的盈利指标能得以实现。商业模式嫁接到资本运作的平台上改变了传统的生产关系，原来的同行业可以变成上下游供应关系。商业模式的灵活运用改变了传统企业

资本奇迹 创造财富的真正秘诀

的生产方式，原来的生产型企业可以变成经营类型企业，带来了生产关系的改变。

工业4.0时代的商业定位，就是客户群体层面的选择及价格定位。没有底气的规划叫贪念，在不熟悉的领域是很危险的，不要轻易踏入不清楚的地方，可控的游戏规则很重要。利润空间是把经济体切割出来。不同事情要用不同的方法，经济体在哪里？切割的地方在哪里？需要找到要害，建立不同的模式。

工业4.0时代的电商其最大意义在于颠覆传统的营销模式：电商在制造热点，在增加关注度，形成某种资源集聚能力后，再把资源共享给感兴趣的人，进行分成收益，企业直接面对客户，掌握第一手信息资料；电商的本质是获得更广泛的客户群、流量；电商的核心是由很多网络企业直接管理，创新拓展企业的市场领域，吸引客户重复不断地消费，增加客户黏性，实现企业持续发展。

在资本运作过程中，一旦某个环节出现问题，还找不到很好的解决方案，企业就应该考虑问题的背后，或者从事件中跳出来，转换观察事情的角度，建立新的逻辑方式重新思考，研究解决问题的方法。建立相应商业模式，有时需要用哲学方法去思考问题，这样就会得到新的启发，产生新的思路，此时智慧在企业决策者的头脑产生，解决问题的灵感由此而生。

如果一切都有可能，加上奇思妙想的思维方式和切实的模式策划以及一系列配套计划实施，企业将会收到意想不到的效益。资本加创新思维应该具备智慧的头脑，把没有空间思考的变成有空间的思考，掌握好定位的步骤，找准着眼点，就会产生意想不到的结果。其实，奇妙的思维智慧会使事情运行的轨迹发生质的变化。这主要来源于将普通人认为不可能的事情，经过换位思考变成可能。

二、投资者的模式架构原则

商业模式方面的专业书籍很多，在这里谈一些商业模式原则方面的要求。

设计商业模式时，首先要考虑客户价值的最大化。把能使企业运行的内外各要素整合起来，形成一个完整的、内部化的、利益相关的、具有独特核心竞争力的运行系统，并通过最优方式满足客户需求，实现客户价值，同时系统方面要能够达成持续盈利目标的解决方案。

客户价值最大化是主观追求目标，持续盈利是客观结果。眼睛紧紧盯着利润的企业，有追求利润的商业模式，总有一天是要没有利润的。如果对客户的价值体验进行优先思考，建立起相应的盈利模式，企业的利润所得是客户价值实现后的附加产品，企业将会获得持续不断地发展。因为企业以适应客户的价值需求为导向，追求新的利润增长点，而客户需求是不断的，企业利润也应该是持续的。两种理念的模式是不同的。

当企业具有别具一格的产品或服务，在竞争方面具有优势，做到差异化经营时，即使价格偏高，消费者还是愿意购买企业有特色的产品。

产品或者服务能够满足的客户需求点在哪里？应该体现在两个

层面。第一是表层需求，就是企业帮助客户省时、省力、省心、省钱。第二是深层需求，就是企业满足客户价值需求，客户通过使用产品还能够带来心情舒畅、精神愉快。

企业能给客户带来什么价值？价值的真正含义，并不是产品或服务本身所固有的，而是客户出于自己的目的，对企业所提供的产品或服务的结果的一种体验，从中获得精神层面的满足，成功的企业家应该都是哲学家。客户价值因素的构成，用公式表示，即：$Vc=Fc-Cc$。其中，Vc 代表客户价值，Fc 代表客户感知利得，Cc 代表客户感知成本。

客户价值是可以衡量的，那么如何衡量客户价值大小？一般来说，能满足同一类客户同一种需求时，其他方面的优势就被缩小了。可以用下面的公式表示：

客户价值 Vc = 功能利益 + 情感利益 Cc ÷（金钱成本 + 时间成本 + 精力成本 + 体力成本 Fc）

在上面这个公式中，增加利益 Cc 的同时降低成本 Fc；增加利润 Cc 的同时降低成本 Fc；利益 Cc 增加幅度要比成本 Fc 增加幅度大；成本 Fc 降低幅度要比利益 Cc 降低幅度大。

商业模式的背后是否具有成长性，这是投资企业首要考虑的问题。持续不断地为客户实现价值创造，这是商业逻辑的根本。企业决策者思想要有全局观，上升到战略目标来看问题，扎扎实实把企业做好。任何事情发展过程中都会产生矛盾，所有商机就是在矛盾中发现的，如果突破惯性思维，那么机会就在里面。你解决了矛盾，你就有商机。未被满足的需求就是矛盾，当所有矛盾、分歧存在的时候，你用什么样的商业逻辑进行解决，可以融入不同工具，发挥你的想象，这些都是在现有资源的前提下进行的。

企业要做客户需要的产品和服务，要让客户需要你的企业。<mark>客户的价值永远是企业利益的中心。</mark>企业盈利能力和产业链中的战略地位提升，不是表面规模的貌似强大，而是客户价值实现程度的转换。

随着市场经济的发展，产品已走向同质化阶段，唯一不同的就是商业模式有所差异。关键看企业对客户分析深度如何，与之匹配的逻辑到什么程度，以及企业决策者思维转变的速度。在满足各项不同逻辑策略的时候，企业决策者必须了解事物的规律，以变化的思维去量化事情，不要被各种限制思维方式框住而影响思维的扩展和延伸，要有颠覆性的思维，才有出奇制胜的能力。以前想不到的可以跨界组合到一起，网络、金融、资本、品牌等，以多维跨界的模式和策略来解决问题。对看似不可能的事情，如果能够调动各种资源并制定相应的策略，就可以把不可能变成可能。

商业竞争不可以玩自己的聪明，要明确对手，不可以掉以轻心。在竞争中生成策略的时候千万要放下主观，客观地去评价。不是我们有多厉害，而是在对方出现失误的时候，我们去超越他。

三、简单而远大的模式感召力

商业模式清晰度的内涵应该是由理念、行为、成果构成。如果你是企业的管理者，那你的主观意识就会决定企业的发展趋向，清晰的信念和具体的发展规划引领企业。另外企业家思想是否健康，也决定着企业是否健康。如果绝大多数的企业是健康的，我们就搭建成了良好实体产业生态系统，在完善自己企业内系统（管理体系）和外系统（商业模式和资本运作）的过程中思路更清晰。清晰度和能见度保证你的愿景不偏离方向，健康的体系是实现目标的基本条件，任何事情的成功都源自我们的理念。

思维方式决定行为方式，不同的行为方式会产生不同的结果，清晰明确的理念能为企业设计出符合客观实际并具有可操作性的模式。例如，新加坡的一家洗碗的项目，经过准确定位，通过商业模式策划，用资本运作的方式，通过众筹融资成功上市。

商业模式能见度的内涵应该是由精神、愿景、态度构成，它是对未来发展趋势的预测。什么是企业的愿景，愿景是彼岸，是想要去的方向和目标。想不想，或想往哪个方向走，这是你的态度问题，来自你的精神层面。所有想象的东西都来自你的头脑，你不想要的东西也会随你想要的出现。我们每个人都相信现实世界，而有时没有把自己放到事件的整体环境中去声明你的愿景、平衡你的信念，信念不是凭空产生的，是你的理想和愿望经过沉淀后得来的，它是你前进的动力。

钻石未经切割是没有价值的，你的思维也要经过切割才有价值。量化愿景，用目标路线图切割出分目标节点，用数据量化，提高清晰度和能见度（见目标路线图解析）。能见度代表穿透力，来自于心愿，你的环境和社会背景对你今后的发展有重要影响，这在某种程度上取决于你的目标和方向是否清晰，愿景是需要量化的。

企业在发展过程中，要在不同时期根据自己实际情况设立相应的目标，这些都在商业模式策划里，每一个阶段都要做到清晰明确。接下来需要明确公司的结构。

四、现代公司架构知易行难

现代公司结构，即公司所有权与经营权基于信托责任而形成的相互制衡关系的结构。其中，注册资本，新的法律规定，实行企业注册资本认缴登记制，资本金可以不到位，但在公司清算的时候，必须按原投入的股比注入；公司的资产是所有者权益和负债的总和，包括固定资产、流动资产、无形资产和递延资产等，反映公司投资规模和可以用于经营的资产数额，也可以做清偿债务的全部资产；净资产是公司的全部资产减去负债的总和，包括公司的资本（股本）公积金和未分配利润等，是反映公司经营的资产质量和真正的能力；股东（大）会由全体股东组成，是公司的最高权力机构和最高决策机构。

人是万物之灵，是这个世界的主宰者。人类是最具有创造力和竞争力的。一个企业就像一个人。企业的"大脑"是董事会；企业的"心脏"是总经理；总经理及其辖制的经营管理部门也就是企业的"五脏六腑及肢体器官"；企业的"免疫力系统"是监事会；企业的"神经系统"则是"公司法人治理结构"。由于公司存在不同的利益关系，我们要清理任务和角色，搞清楚大家的付出和贡献。

如果公司角色混乱，员工不懂到底该给谁汇报，这是家族企业结构。董事局为股东的代表保护股东利益，是企业监督管理层。股东

资本奇迹 创造财富的真正秘诀

提供资本,要签股东协议,享有在每年股东大会上提名董事会的权利,具有投票权,享有股息政策,受法律保护,不负法律责任,公司会议记录(也是法律文件)个人可以备份收藏9年。

董事局制定公司发展战略、制度;监督管理层执行表现,不向员工下达具体的指标;每年至少开两次会;董事不拿工资可享有董事补助金,需聘书上岗。从投资的角度讲,董事局以单数组合;公司管理层只要按预算执行就不需要审批;管理层没有权力执行预算外的事情;CEO、COO、CFO,准时上下班;CEO是打工的角色,要有董事局聘书,挣工资得奖金,按照董事会制定预算履行工作职责。

股东,提供资本,定期开会,有股息要有动意;董事,股东的代表,管理层所做的事项由董事局做出规划和预算,要有聘书拿薪水,不违法;法定代表人,按照章程规定公司的董事长、执行董事、可以做法定代表人;法人代表,经法人授权,代理权限内,以法人的名义实施民事行为,其产生的法律后果由法人承担;法人,创造的人群的单体,人造的"人",具有自然人的属性,公司是法人的,注册是法人的,公司的钱是法人的钱。

那么,什么情况下公司的钱是你的钱?如果公司清算、解体后,先偿还政府,其次银行,再次员工,最后偿还股东,股息支付以及税费缴纳等项支出扣除后,剩下的钱是法人的,不是某个人的。在公司没有消亡之前,公司的资产永远是公司的。

在公司,股东完成投资,只要公司有利润就可以分红。公司是一个组织,是赚钱的工具,法律上可以把它当人看,具有自然人的属性。而在有限责任公司,公司以其全部财产对公司的债务承担责任。

第三章 商业模式

公司代表着股东不同的资金投入。两人以上叫公司，独立董事在公司没有股份，独立董事也有签单机会，不上班拿股息，独立董事可以提升公司的股值。COO为执行董事，CFO为非执行董事，有股份的叫非独立董事，不在公司上班，董事长为董事局领导。法律规定董事局不能有顾问，可以有智囊团，管理层可以有顾问。CEO按董事局指定的战略计划行使工作权利，财务总监是预测企业财务数据，顾问是理清公司的框架，CEO是企业提升出来的。

辅导团的对象是员工，管理可以需要顾问，智囊团对应的是董事局，创始股东是创业时的股东，共创者是原始股东上市之前的股东。

成功的企业聘请有能力的人来管理，可上市公司的标准要符合《中华人民共和国公司法》（以下简称《公司法》）、《中华人民共和国合同法》（以下简称《合同法》），以此搞清楚大家的付出和贡献。

通过下面图3—4、图3—5、图3—6、图3—7中展示的内容，可以进一步明晰企业结构：

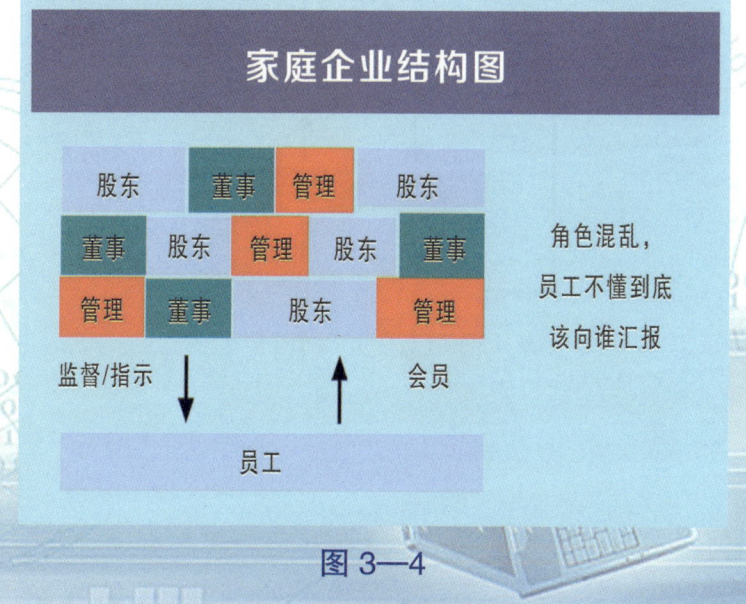

图3—4

资本奇迹 创造财富的真正秘诀

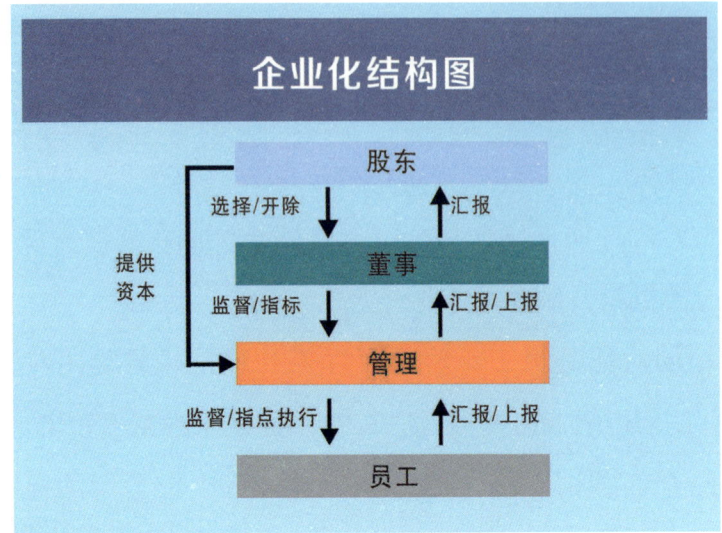

图 3—5

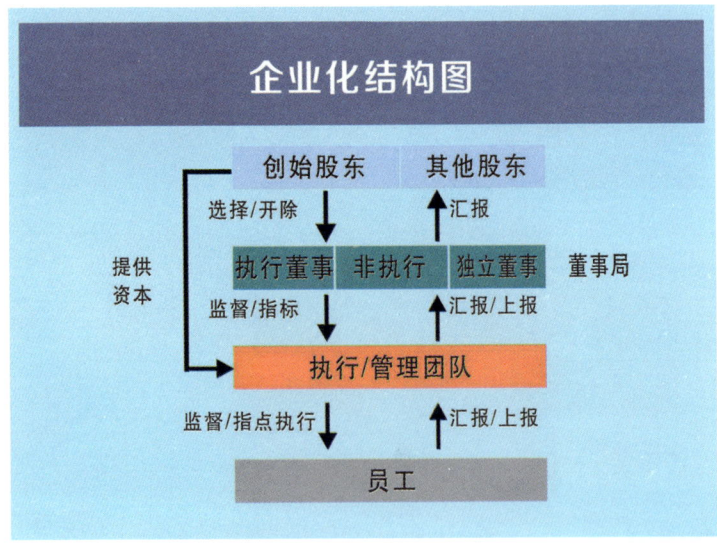

图 3—6

第三章 商业模式

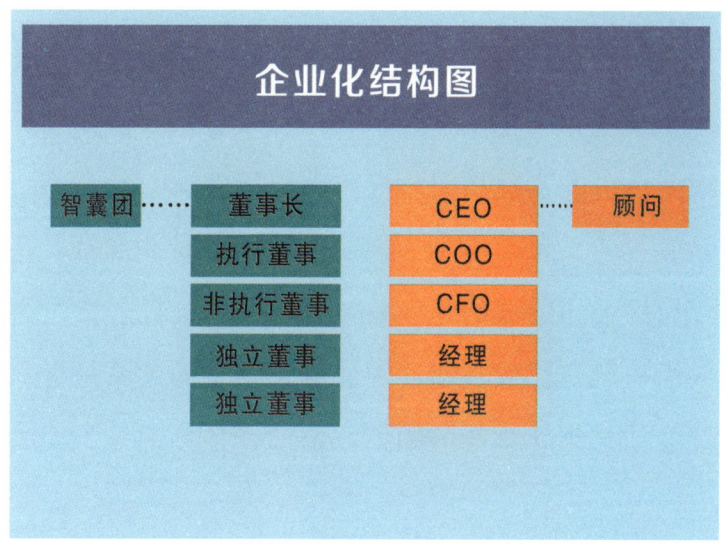

图 3—7

至此，我们对公司里的角色有了进一步的认识和了解。接下来，将探讨公司如何规避风险。

五、上市风控：透明条件下站着赚钱

首先，我们对投资、融资风险进行分析。

企业融资中有两种重要的方式：股权融资和债权融资。股权融资是指企业的股东愿意让出部分企业所有权，通过企业增资的方式引进新的股东的融资方式，总股本同时增加。股权融资所获得的资金，企业无须还本付息，但新股东将与老股东同样分享企业的赢利与增长。债权融资是指企业通过借钱的方式进行融资，债权融资所获得的资金，

资本奇迹 创造财富的真正秘诀

企业首先要承担资金的利息，另外在借款到期后要向债权人偿还资金的本金。债权融资的特点决定了其用途主要是解决企业营运资金短缺的问题，而不是用于资本项下的开支。企业是采取股权融资还是债权融资，要根据自身的实际情况，权衡利弊得失。

资本运营的方法都是在股权融资和债权融资中演绎，要么结合，要么置换。 如果公司需要的是债权融资却采取股权融资，需要股权融资时却采取债权融资显然是错误的。清楚两者的关系是每一个企业进入资本运营之前必须要学会的知识，要综合各种因素，采取相应的融资方法。

如果你是独立投资者，应该怎样采取以小博大、四两拨千斤的方式来参与投资？在企业上市前的几个阶段中，私募股权资金、风投资金、投行以及IPO资金都是由金融机构操作的，个人是难以参与其中的。那么我们向前延伸，延伸到创始或天使投资，初始的创业投资远远小于后面的资金投入，由于你具备了判断项目的专业知识和技能，敢于承担项目初创过程中的风险，当你的判断结论接近投资机构评估结果时，后续资金才有可能持续跟进，待投资进入后续阶段时，风险会逐渐降低，此时创始或天使资金可以获得较大溢价。

100万元的前期创业资金与1000万元的后续资金对接，仍保持不失控股权，凭什么？凭的是风险与投资收益成正比。因为前期投资承担了项目投资的绝大部分风险，按照资本的游戏规则，应该得到高回报。

另外投资者凭什么愿意接受？因为投资者看好你未来的预期收

益，通过后续资金的培育，你的这只"鸡"会生出更多的"蛋"，满足投资者赚钱的欲望。还有你的平台上有投资者看好的资源，投资者看好的地方也是他不具备的，正是这个地方才能给他带来丰厚的收益，所以才有你100万元的前期资金和1000万元的后续资金不失控股权，这也是资本裂变的关键点所在。理解了这一点，资本运作的逻辑基础就变成合理了。

下面我们来讨论企业风险控制。

一个家族拥有的企业，虽然已经营多年不倒，但是如果放到资本层面来说就是一个死盘。经过盘活把实物资本变成股票，公司的实物资本就可以流通盘活。知晓资本游戏规则，真正了解公司所处的社会环境、资本环境跟公司的实际情况，才能随机而动。公司经营者要清楚，你要在什么样的平台上进行？你自身具备哪些条件？是否能够链接到其他相关资源支撑？融资也是整合或链接各方面资源的过程，投到你所需要的平台上，才能产生效益，各方受益。

为避免上市过程中给公司造成风险，可建立防火墙来屏蔽。所有上市公司都要建立防火墙，建防火墙不是逃避责任而是规避风险。风险来自对外连接的地方，通过红点对自己公司的定位，计划在未来的某个时段把公司推向某个阶段目标。如在执行过程中会产生一些偏差，也可进行相应调整。从设定结果到各项措施的实施，从结果导入开始向目标前行，做真实的自己是经商的基础。好盘的标志是从今天开始走向结果，完成公司继承与可持续规划。

传统行业的经营思路，还是要从产业链上做文章。盈利主要在工厂、零售两块，各种风险会影响企业集团。在不设防火墙的情况下，如果风险来自供应商，产生问题会直接影响到控股公司。风险来自供应商或CEO，由贸易公司规避外来风险，起到防火墙作用。成立贸易公司也是实体控股公司，规避外来实体产业链带来的风险。贸易公司通过防火墙解决CEO带来的负面影响，不仅如此，还解决了因其他因素造成的风险，而不影响主体。

防火墙的建立是以分公司的方式再转手给他人，把主体剥离给另一家公司、主体（空壳）。一般上市企业为了躲避经营风险，防火墙的设立必不可少，不管是经营过程中的风险还是资本运作中的风险，以及股市风险，都由防火墙隔离，以使原有企业经营不受干扰。

防火墙如何建立？一般由实体企业控股的新公司独立存在。下面的图3—8、图3—9、图3—10、图3—11、图3—12、图3—13、图3—14、图3—15中所展示的内容，是对公司经营链条进行风险分析。

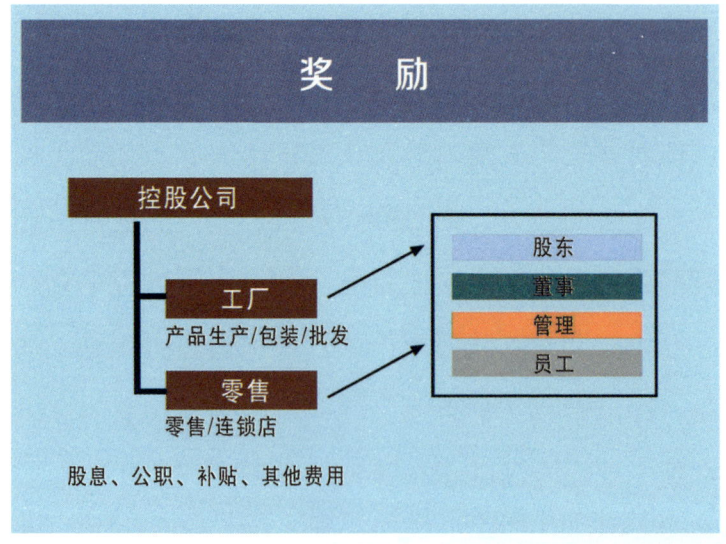

图3—8

第三章 商业模式

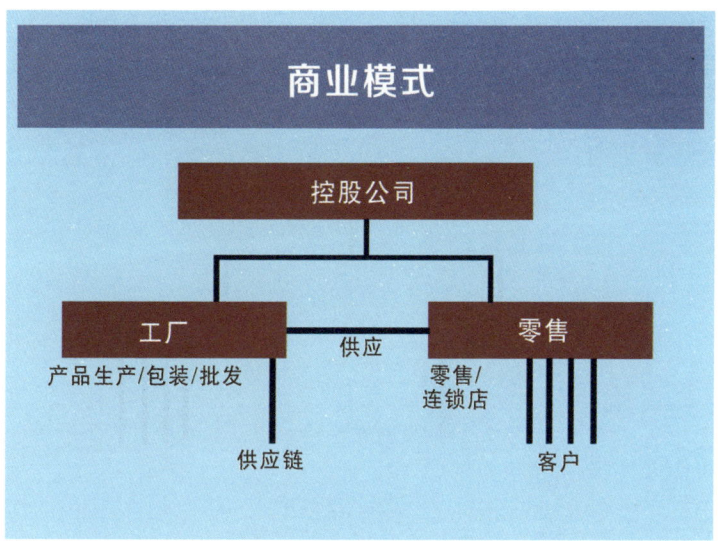

图 3—9

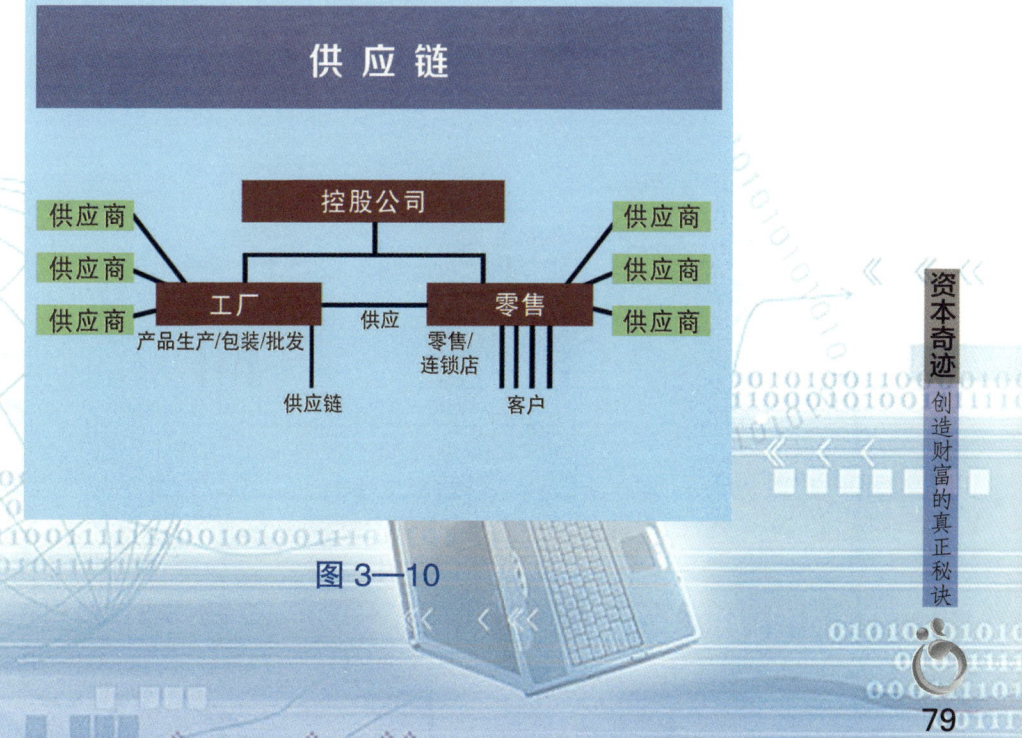

图 3—10

资本奇迹 创造财富的真正秘诀

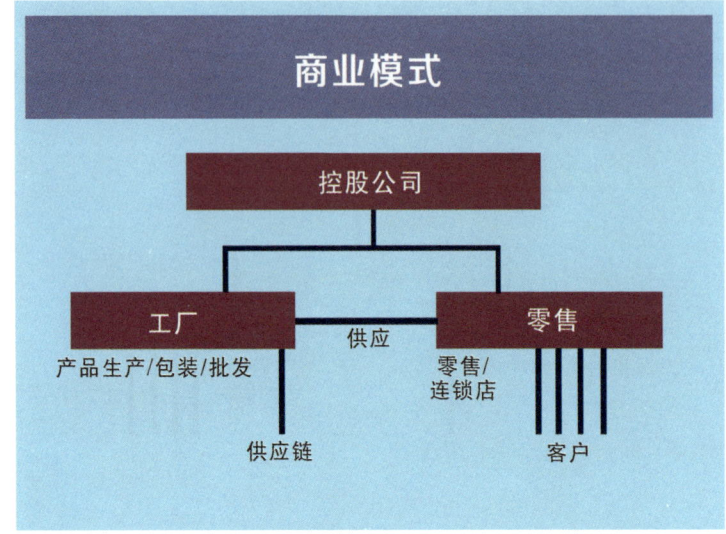

图 3—11

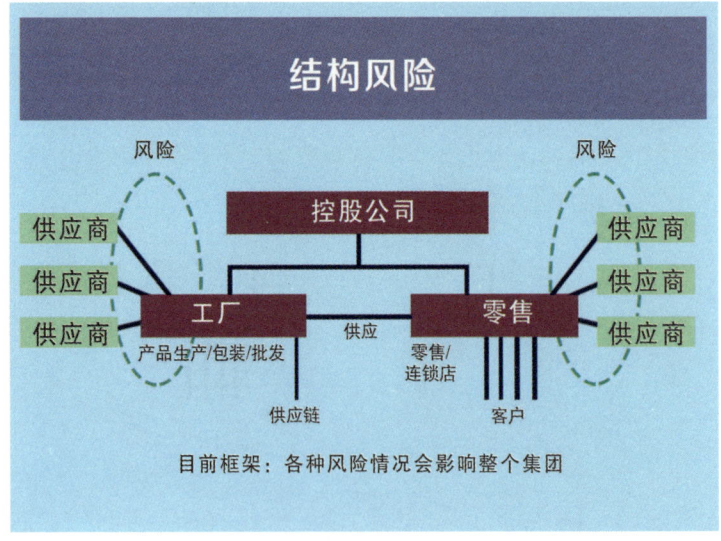

图 3—12

风险管理
控股公司
防火墙
工厂
食品生产/包装/批发
零售
零售/连锁店
贸易公司
采购/贸易/批发
供应商
供应商
供应商
供应商
供应商

图 3—13

主要现金流
控股公司
供应商
供应商
供应商
工厂
产品生产/包装/批发
供应链
供应
零售
零售/
连锁店
客户
供应商
供应商
供应商
摇钱树1
摇钱树2

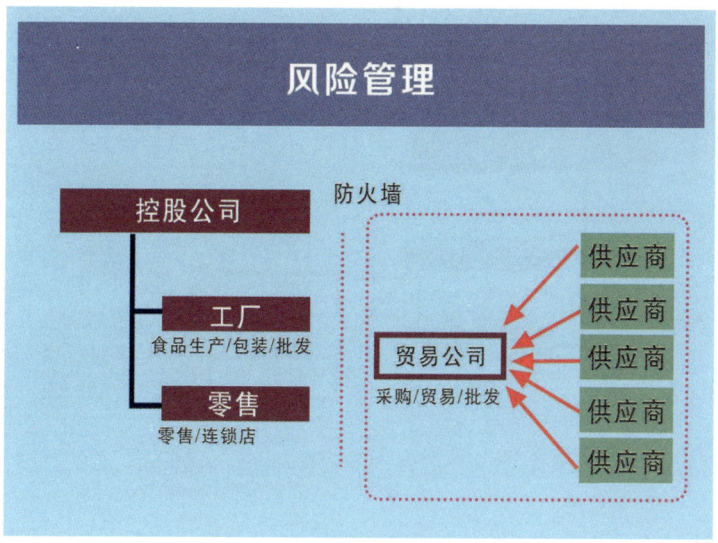

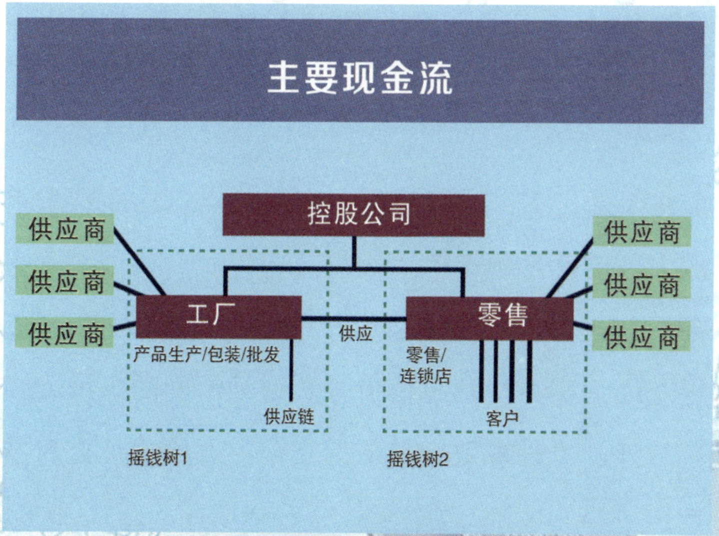

图 3—14

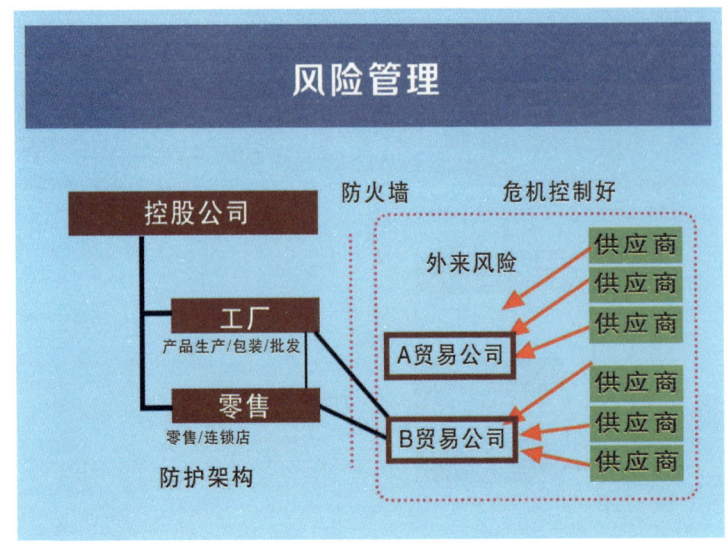

图 3—15

六、构建上市企业的防火墙

IPO 企业如果在实体经营过程中变化一点点，在资本市场就会产生几何级放大，这就是所谓的"蝴蝶效应"。

一家餐厅管理者借用资本运作方式，用3年时间把企业运作上市，营业规模以及经营实力得到迅速扩张。这是不同的思维方式所产生的不同结果。另外，"蝴蝶效应"从另一个方面给你什么启发？请看下面实例再作探讨。

市值为1亿元的企业规划实体单店盈利情况（如图3—16所示）。

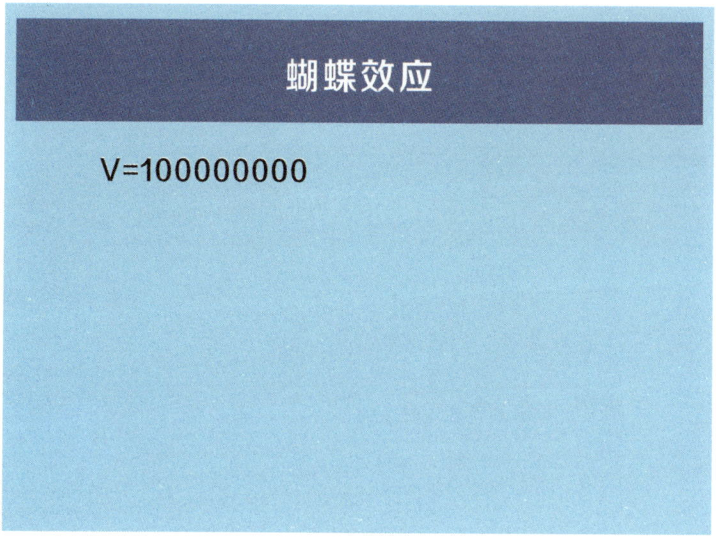

蝴蝶效应

V=100000000

图 3—16

查阅相关资料并参考相关行业确定，市盈率是股票的市价除以每股盈利的比值（如图 3—17 所示）。

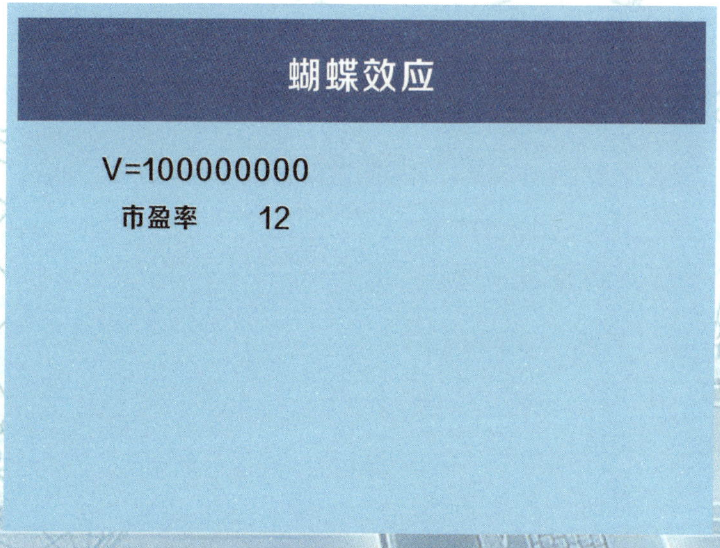

蝴蝶效应

V=100000000
市盈率　　12

图 3—17

资本奇迹 创造财富的真正秘诀

开店的营业额要达到 8333333 元，才能达到 1 亿元的市值（如图 3—18 所示）。

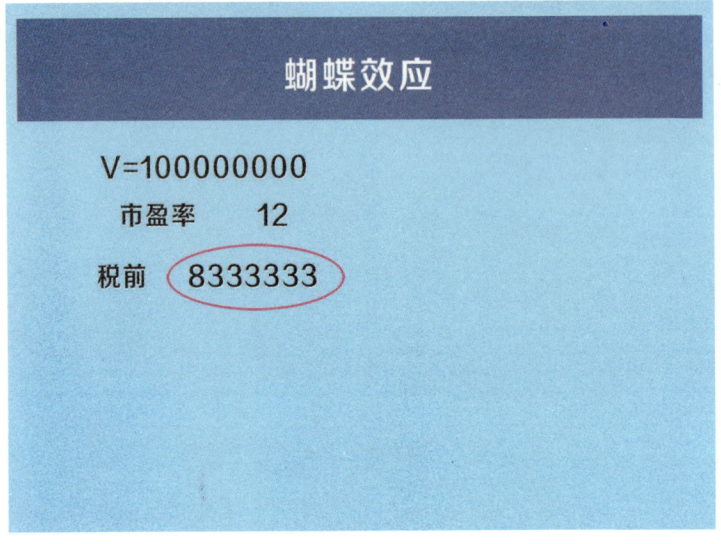

图 3—18

现有单店每月计划营业额为 5 万元（如图 3—19 所示）。

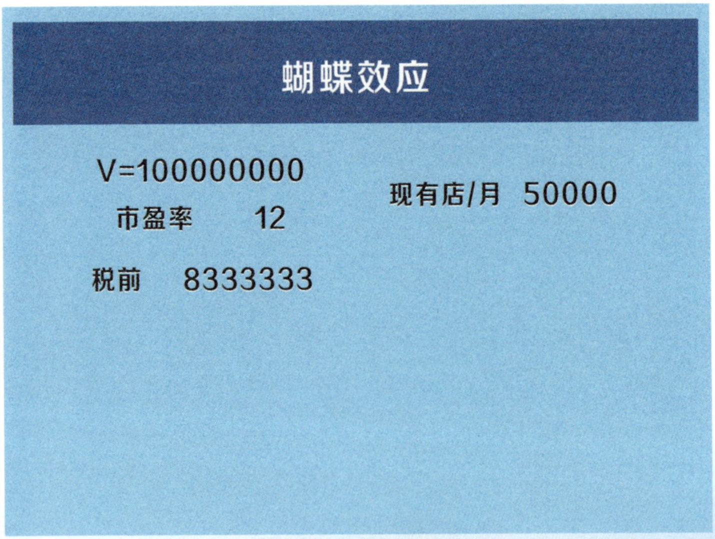

图 3—19

按照12个月计算（如图3—20所示）。

蝴蝶效应

V=100000000　　　现有店/月　50000
市盈率　　12　　　月　　　　12
税前　　8333333

图3—20

计算每年单店营业额（如图3—21所示）。

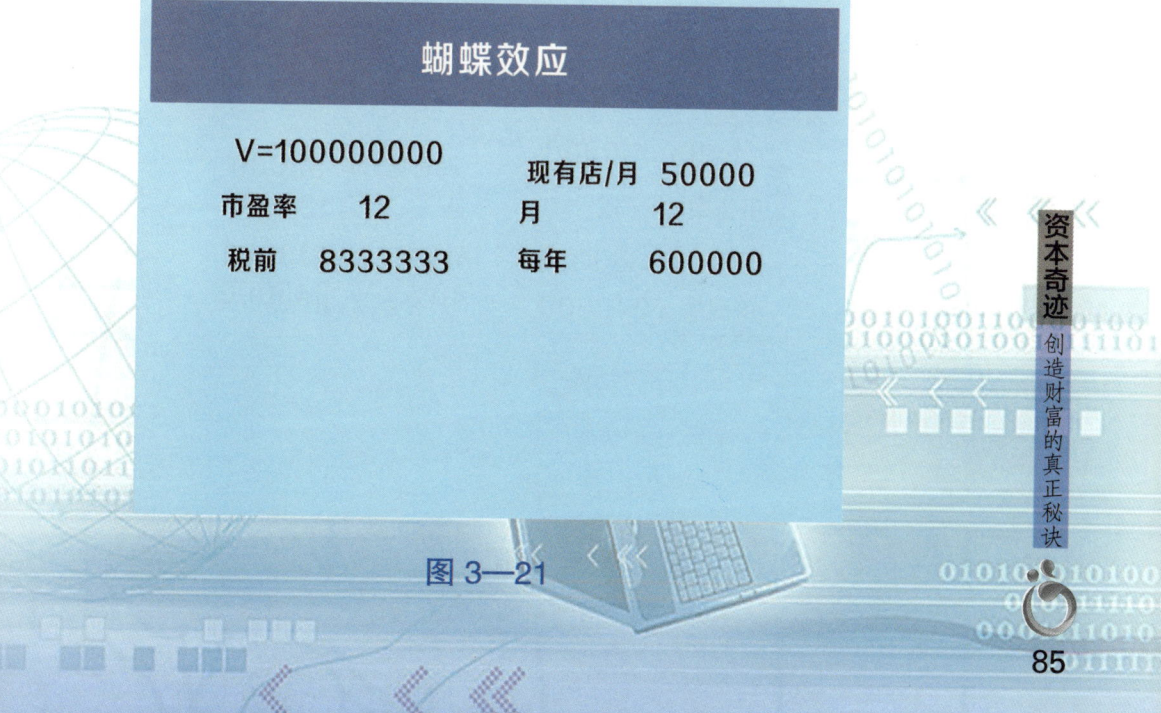

图3—21

资本奇迹 创造财富的真正秘诀

利润率按 40%，计算每间店年利润（如图 3—22 所示）。

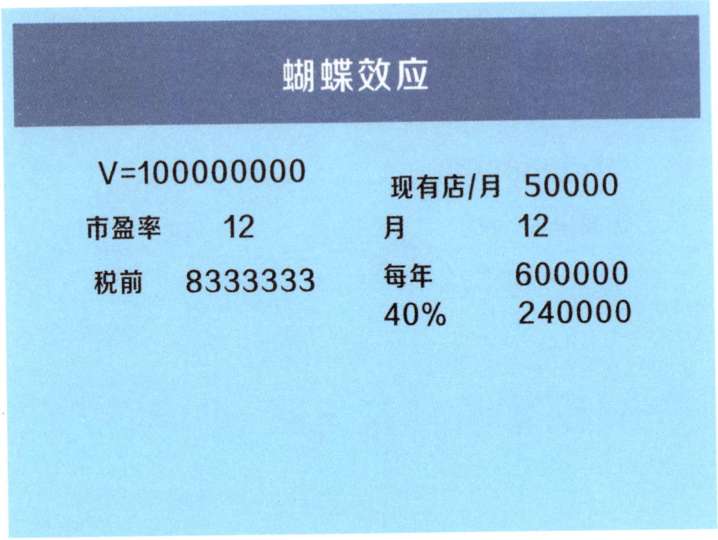

```
蝴蝶效应

V=100000000          现有店/月  50000
市盈率    12          月         12
税前   8333333        每年       600000
                     40%       240000
```

图 3—22

需要开店的数量（如图 3—23 所示）。

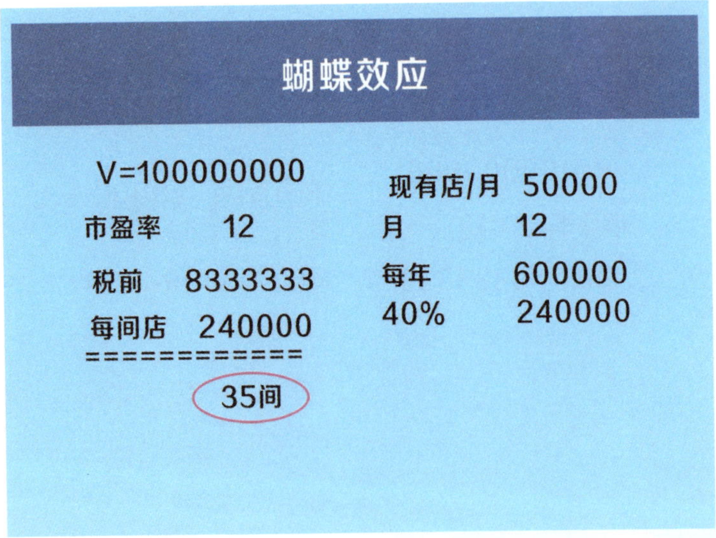

```
蝴蝶效应

V=100000000           现有店/月  50000
市盈率    12           月         12
税前   8333333         每年       600000
每间店  240000         40%       240000
============
   35间
```

图 3—23

第三章 商业模式

每年营业额按 60 万元计算（如图 3—24 所示）。

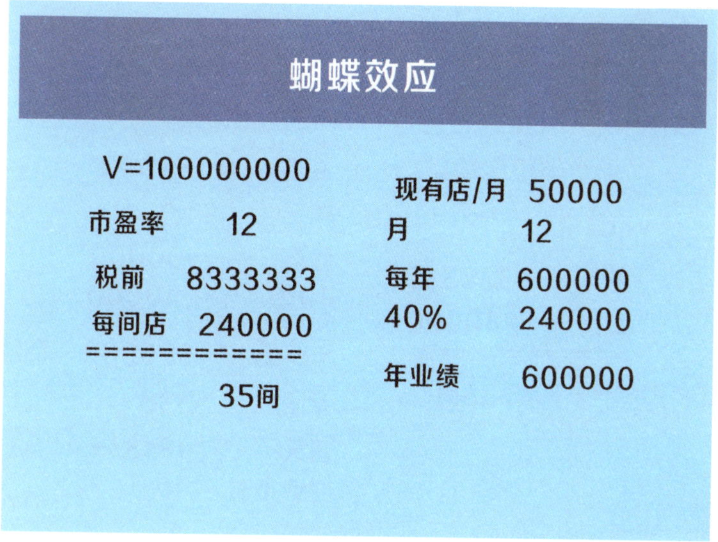

蝴蝶效应

```
V=100000000              现有店/月   50000
  市盈率    12            月          12
  税前    8333333         每年        600000
  每间店   240000         40%        240000
  ============
         35 间            年业绩      600000
```

图 3—24

每年按 330 天营业，计算每天营业额（如图 3—25 所示）。

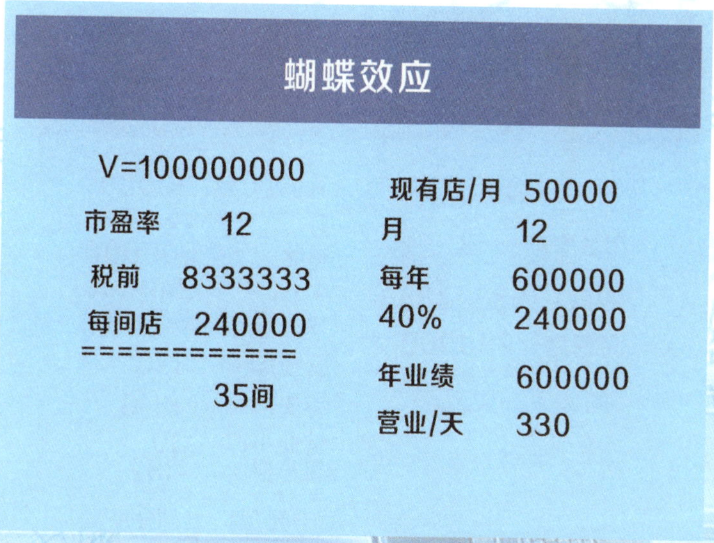

蝴蝶效应

```
V=100000000              现有店/月   50000
  市盈率    12            月          12
  税前    8333333         每年        600000
  每间店   240000         40%        240000
  ============
         35 间            年业绩      600000
                          营业/天     330
```

图 3—25

资本奇迹 创造财富的真正秘诀

每天营业时间按 10 小时计算（如图 3—26 所示）。

```
蝴蝶效应

V=100000000            现有店/月  50000
 市盈率      12         月          12
 税前    8333333        每年      600000
                       40%      240000
 每间店   240000
 ============          年业绩    600000
         35 间          营业/天    330
                       每天       1818
                       营业小时    10
```

图 3—26

如果每碗粥卖 10 元，每小时需要卖 19 碗才能满足每天、每年利润指标（如图 3—27、图 3—28 所示）。

```
蝴蝶效应

V=100000000            现有店/月  50000
                       月          12
 市盈率      12         每年      600000
                       40%      240000
 税前    8333333        年业绩    600000
 每间店   240000        营业/天    330
 ============          每天       1818
         35 间          营业小时    10
                       每小时     182
                       ============
                       10元/碗    19碗
```

图 3—27

蝴蝶效应

V=100000000	现有店/月 50000
市盈率 12	月 12
	每年 600000
税前 8333333	40% 240000
每间店 240000	年业绩 600000
============	营业/天 330
35间	每天 1818
	营业小时 10
	每小时 182
	============
	10元/碗 19碗

图 3—28

规划餐厅坐满率按 50% 计算（如图 3—29 所示）。

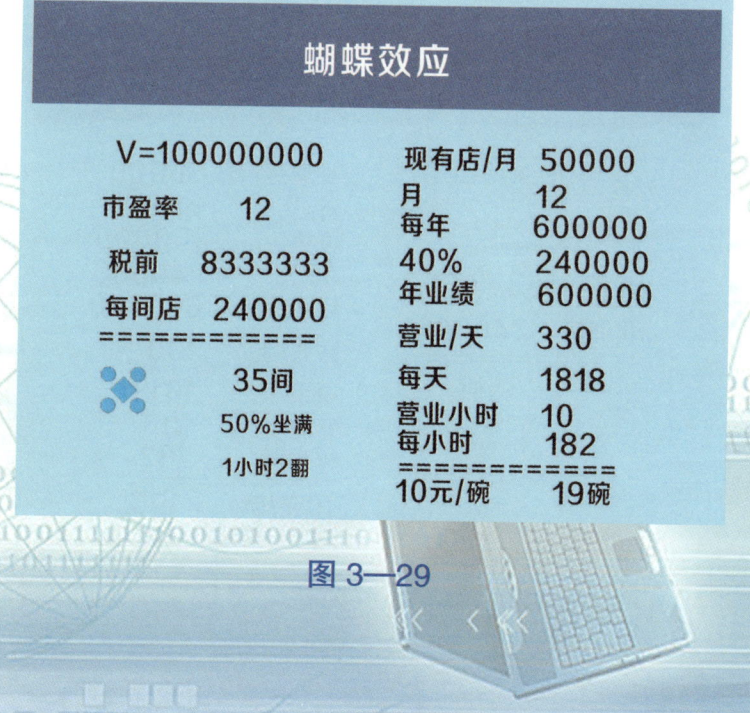

图 3—29

资本奇迹 创造财富的真正秘诀

以每小时翻两番计算桌位(如图3—30、图3—31、图3—32所示)。

蝴蝶效应

V=100000000		现有店/月	50000
市盈率	12	月	12
		每年	600000
税前	8333333	40%	240000
		年业绩	600000
每间店	240000		
============		营业/天	330
35间		每天	1818
50%坐满		营业小时	10
1小时2翻		每小时	182
19X2X50%		============	
		10元/碗	19碗

图 3—31

蝴蝶效应

V=100000000		现有店/月	50000
市盈率	12	月	12
		每年	600000
税前	8333333	40%	240000
		年业绩	600000
每间店	240000		
============		营业/天	330
35间		每天	1818
50%坐满		营业小时	10
1小时2翻		每小时	182
19X2X50%		============	
=19		10元/碗	19碗

图 3—31

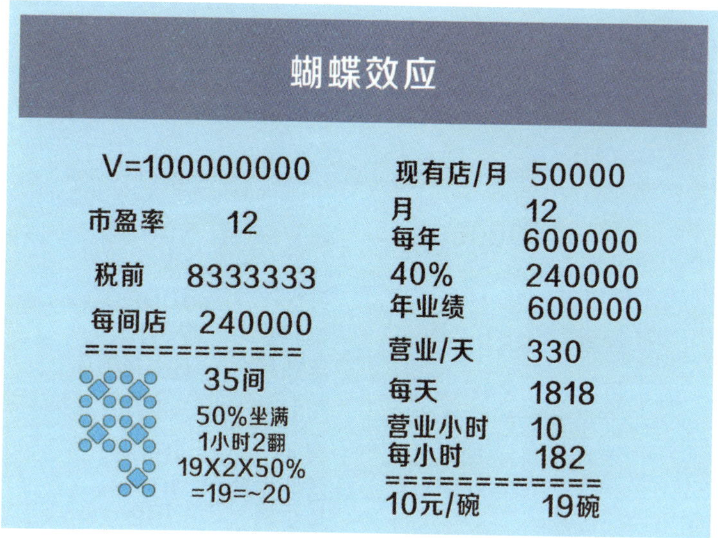

蝴蝶效应

V=100000000

市盈率　12

税前　8333333

每间店　240000
============
35间
50%坐满
1小时2翻
19X2X50%
=19=~20

现有店/月　50000
月　12
每年　600000
40%　240000
年业绩　600000
营业/天　330
每天　1818
营业小时　10
每小时　182
============
10元/碗　19碗

图 3—32

需要的员工及管理人员（如图 3—33 所示）。

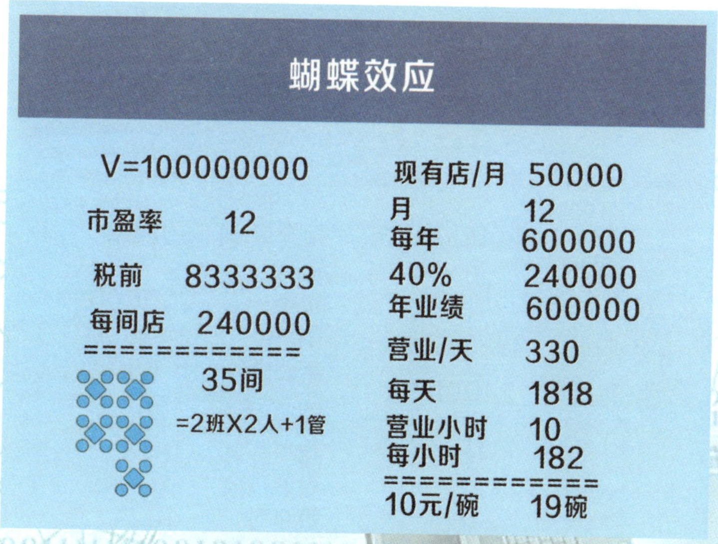

蝴蝶效应

V=100000000

市盈率　12

税前　8333333

每间店　240000
============
35间
=2班X2人+1管

现有店/月　50000
月　12
每年　600000
40%　240000
年业绩　600000
营业/天　330
每天　1818
营业小时　10
每小时　182
============
10元/碗　19碗

图 3—33

资本奇迹 创造财富的真正秘诀

35间店面需要的人员数（如图3—34所示）。

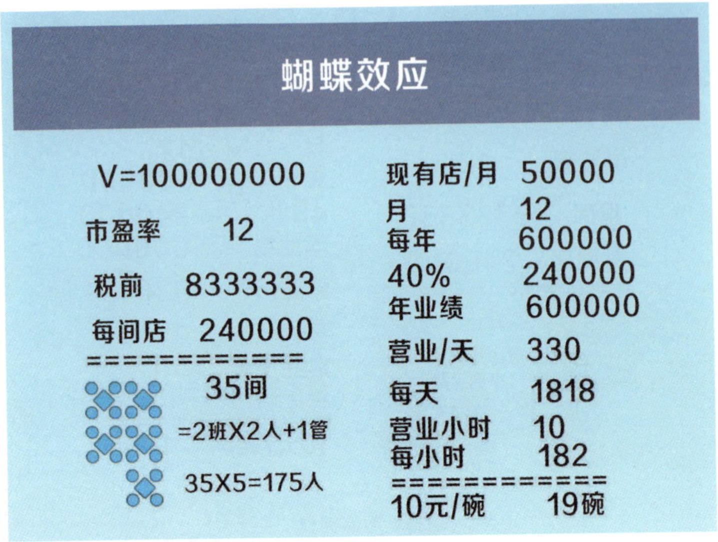

蝴蝶效应

V=100000000　　　现有店/月　50000
市盈率　12　　　　月　12
税前　8333333　　 每年　600000
每间店　240000　　40%　240000
============　　 年业绩　600000
35间　　　　　　 营业/天　330
=2班X2人+1管　　 每天　1818
35X5=175人　　　 营业小时　10
　　　　　　　　 每小时　182
　　　　　　　　 ============
　　　　　　　　 10元/碗　19碗

图3—34

餐厅面积规划（如图3—35所示）。

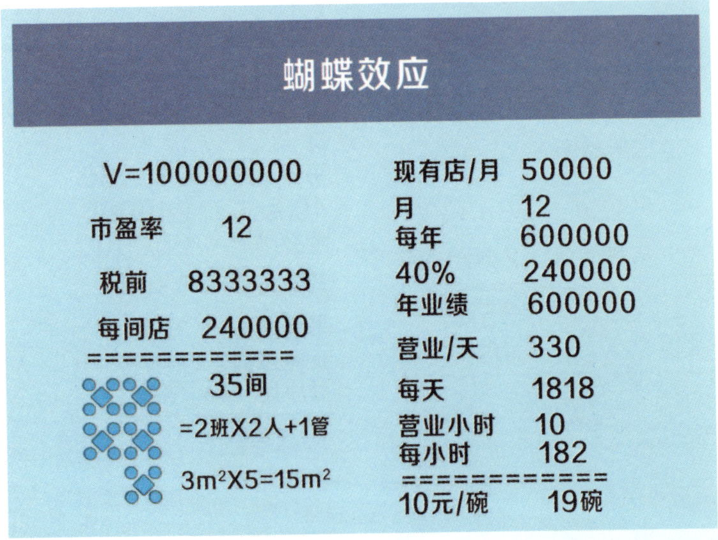

蝴蝶效应

V=100000000　　　现有店/月　50000
市盈率　12　　　　月　12
税前　8333333　　 每年　600000
每间店　240000　　40%　240000
============　　 年业绩　600000
35间　　　　　　 营业/天　330
=2班X2人+1管　　 每天　1818
3m²X5=15m²　　　 营业小时　10
　　　　　　　　 每小时　182
　　　　　　　　 ============
　　　　　　　　 10元/碗　19碗

图3—35

以 65% 的比例设置厨房面积（如图 3—36 所示）。

```
蝴蝶效应

V=100000000            现有店/月   50000
市盈率    12            月          12
                       每年        600000
税前     8333333        40%        240000
                       年业绩      600000
每间店    240000
============           营业/天     330
     35间              每天        1818
   =2班X2人+1管         营业小时    10
                       每小时      182
   3m²X5=15m²          ============
   15m²=65%            10元/碗    19碗
```

图 3—36

根据相关法规要求规划餐厅、厨房面积（如图 3—37、图 3—38 所示）。

```
蝴蝶效应

V=100000000            现有店/月   50000
市盈率    12            月          12
                       每年        600000
税前     8333333        40%        240000
                       年业绩      600000
每间店    240000
============           营业/天     330
     35间              每天        1818
   =2班X2人+1管         营业小时    10
                       每小时      182
   3m²X5=15m²          ============
   15m²=65%            10元/碗    19碗
   8m²=35%
```

图 3—37

资本奇迹 创造财富的真正秘诀

```
蝴蝶效应

V=100000000              现有店/月  50000
 市盈率      12           月        12
                         每年       600000
 税前     8333333         40%       240000
 每间店    240000         年业绩     600000
 ============
          35间           营业/天    330
    =2班X2人+1管
          3m²X5=15m²     每天       1818
          15m²=65%       营业小时   10
          8m²=35%        每小时     182
          24m²           ============
                         10元/碗    19碗
```

图 3—38

根据开店数量制定相应配套器具、桌椅等采购计划，考虑相应余量备用。

计算中央厨房每天产量（如图 3—39、图 3—40 所示）。

```
蝴蝶效应

V=100000000              现有店/月  50000
 市盈率      12           月        12
                         每年       600000
 税前     8333333         40%       240000
 每间店    240000         年业绩     600000
 ============
          35间           营业/天    330
 中央厨房每日              每天       1818
 1818=182=~200           营业小时   10
                         每小时     182
                         ============
                         10元/碗    19碗
```

图 3—39

第三章 商业模式

```
蝴蝶效应

V=100000000        现有店/月  50000
 市盈率    12       月        12
 税前   8333333     每年       600000
                    40%       240000
 每间店  240000     年业绩     600000
 ============
         35间      营业/天    330
 中央厨房每日       每天       1818
 1818=182=~200     营业小时    10
      X35         每小时      182
                   ============
                   10元/碗    19碗
```

图 3—40

35 间店的中央厨房供应量（如图 3—41 所示）。

```
蝴蝶效应

V=100000000        现有店/月  50000
 市盈率    12       月        12
 税前   8333333     每年       600000
                    40%       240000
 每间店  240000     年业绩     600000
 ============
         35间      营业/天    330
 中央厨房每日       每天       1818
 1818=182=~200     营业小时    10
      X35         每小时      182
   =7000碗         ============
                   10元/碗    19碗
```

图 3—41

根据上面具体测算指标，转入资本运作，粥店以 200 万元创始资金起步，通过释放 10% 股权，融资 500 万元用于开店及相应支出，

资本奇迹 创造财富的真正秘诀

金融路线如下（如图3—42所示）。

金融路线图

创始	100.0%	0.02亿
天使	90.0%	0.05亿
私募	72.0%	0.11亿
创投	57.6%	0.23亿
投行	46.1%	0.48亿
首次公开发行股	36.9%	1.00亿

10%=50万

图3—42

天使融资后，再释放20%股权，融资1100万元继续增加店面数量（如图3—43所示）。

金融路线图

创始	100.0%	0.02亿
天使	90.0%	0.05亿
私募	72.0%	0.11亿
创投	57.6%	0.23亿
投行	46.1%	0.48亿
首次公开发行股	36.9%	1.00亿

20%=220万

图3—43

第三章 商业模式

企业已有一定规模，具有继续培育价值，释放20%股权，创投资金2300万元进入（如图3—44所示）。

金融路线图

创始	100.0%	0.02亿
天使	90.0%	0.05亿
私募	72.0%	0.11亿
创投	57.6%	0.23亿	20%=460万
投行	46.1%	0.48亿
首次公开发行股	36.9%	1.00亿

图3—44

企业进入稳定发展阶段，又释放20%股权，投行资金4800万元助力（如图3—45所示）。

金融路线图

创始	100.0%	0.02亿
天使	90.0%	0.05亿
私募	72.0%	0.11亿
创投	57.6%	0.23亿
投行	46.1%	0.48亿	20%=960万
首次公开发行股	36.9%	1.00亿

图3—45

资本奇迹 创造财富的真正秘诀

资本奇迹 创造财富的真正秘诀

IPO 首次公开发行（如图 3—46 所示）。

金融路线图

阶段	比例	估值
创始	100.0%	0.02亿
天使	90.0%	0.05亿
私募	72.0%	0.11亿
创投	57.6%	0.23亿
投行	46.1%	0.48亿
首次公开发行股	36.9%	1.00亿

20%=2000万

图 3—46

按照不同阶段的市盈率以及相应产值，满足相应阶段的估值（如图 3—47、图 3—48 所示）。

金融路线图

阶段	比例	估值	倍数
创始	100.0%	0.02亿	
天使	90.0%	0.05亿	3X
私募	72.0%	0.11亿	5X
创投	57.6%	0.23亿	7X
投行	46.1%	0.48亿	9X
首次公开发行股	36.9%	1.00亿	12X

图 3—47

第三章 商业模式

金融路线图

创始	100.0%	0.02亿		
天使	90.0%	0.05亿	3X	0.017亿
私募	72.0%	0.11亿	5X	0.022亿
创投	57.6%	0.23亿	7X	0.033亿
投行	46.1%	0.48亿	9X	0.053亿
首次公开发行股	36.9%	1.00亿	12X	0.083亿

图 3—48

预设时间规划（如图 3—49、图 3—50、图 3—51、图 3—52 所示）。

金融路线图

	创始	100.0%	0.02亿		
4月 ↕	天使	90.0%	0.05亿	3X	0.017亿
	私募	72.0%	0.11亿	5X	0.022亿
	创投	57.6%	0.23亿	7X	0.033亿
	投行	46.1%	0.48亿	9X	0.053亿
	首次公开发行股	36.9%	1.00亿	12X	0.083亿

图 3—49

资本奇迹 创造财富的真正秘诀

资本奇迹 创造财富的真正秘诀

金融路线图				
4月 ↕ 创始	100.0%	0.02亿		
天使	90.0%	0.05亿	3X	0.017亿
6月 ↕ 私募	72.0%	0.11亿	5X	0.022亿
创投	57.6%	0.23亿	7X	0.033亿
投行	46.1%	0.48亿	9X	0.053亿
首次公开发行股	36.9%	1.00亿	12X	0.083亿

图 3—50

金融路线图				
4月 ↕ 创始	100.0%	0.02亿		
天使	90.0%	0.05亿	3X	0.017亿
6月 ↕ 私募	72.0%	0.11亿	5X	0.022亿
10月 ↕ 创投	57.6%	0.23亿	7X	0.033亿
投行	46.1%	0.48亿	9X	0.053亿
首次公开发行股	36.9%	1.00亿	12X	0.083亿

图 3—51

金融路线图

时间	阶段	比例	金额	倍数	单股价
4月	创始	100.0%	0.02亿		
6月	天使	90.0%	0.05亿	3X	0.017亿
10月	私募	72.0%	0.11亿	5X	0.022亿
10月	创投	57.6%	0.23亿	7X	0.033亿
	投行	46.1%	0.48亿	9X	0.053亿
	首次公开发行股	36.9%	1.00亿	12X	0.083亿

图 3—52

通过实体企业与资本运作有机结合，企业上市后对每碗粥增添一点新的内容使价格提高 2 元，在资本市场反映出来的效应是 0.2 亿元变化。由此可以看出，通过资本运作产生的蝴蝶效应，局部动一点，经蝴蝶效应就会产生几何级放大收益。

一家粥店经过市场运作和资本运作助推，使企业在 3 年内市值达到 1 亿，如果用传统经营模式滚动发展，要达到同样的市值至少需要 15 年时间。资本运作可以助推企业快速现实梦想。资本运营如同乘电梯，短时间就能达到预期目标。一个人的行为方式永远超不过他的思想，如果能在现有的基础上，在思维方式上植入新的内容加上行动，将会有很大的改变。

通过实例可以得到下面的启发：

第一，从资本运作的过程来看，首先是创始股 200 万元起步，

资本奇迹 创造财富的真正秘诀

通过释放10%股权，天使融资500万元，用于复制现有店面及经营模式；经过4个月左右时间，第一笔融入资金按计划用于增加店面和扩大营业指标，一期计划完成了。随后又释放20%股权融资1100万元，接棒资金——私募基金进入，进一步培育企业发展，又经过6个月时间完善，继续增加店面扩大营业规模，这时企业发展预期被创投资金看中，同时企业也有继续融资的动因。接着又释放20%股权融资2300万元，又经过10个月梳理打造，按计划实施相应的发展规划，完成了既定目标，这时企业经营风险大大降低，投行资金也在寻找具有可培育的企业，企业需要资金注入扩大规模，两厢情愿，金融机构通过投资达到收益预期。接下来企业进入上市过渡期，再次释放20%股权，融入投行资金4800万元；又经过10个月完善，距离上市只差最后一步。此时正是IPO好机会，又融资1亿元助推企业上市。

从创始到IPO运行的过程中要注意，每一步融来的资金使用方向、要做什么、达到什么结果，在商业规划书中已经明确，结合市场运作的时间节点，匹配相应资金支持。在融资过程中，也要思考投资者除了能够给你带来资金以外，还能够给你带来其他什么资源助力企业发展？

第二，如何理解企业上市蝴蝶效应？

企业良好的市场运作，必须具备完善的管理体系和不断优化的商业盈利模式，相反，资本运作就无从谈起，支撑股市持续增长的条件就不存在了。资本运作和实体经营是相互支持关系，资本能够助力企业快速发展，良好的业绩是投资者预期收益的保证，没有绩效良好的实体企业支撑，资本运作就是无源之水。有人说资本运作是孙悟空，操作云端的事情，而实体运作是操作下面的事情，各干各的。果真如此的话，他们会打个时间差，弄个"短平快"抽身离场。

健康良性的实体经济作支撑，资本运作才能持续稳步发展。所以，实体企业经营管理工作一定要做好做实。要以经济效益为中心，统筹协调好各方面工作，创造更多利润空间，通过蝴蝶效应传递惠顾更多支持你的股民，助推金融市场健康发展。

第三，上市企业通过集团化运作，可以有效降低采购成本，增加盈利能力。根据行业特点可以对相应供应链进行整合，再进一步切割，盈利模式跟进，在新的"利润池"方面进行深入思考，还可以创造出更多的利润增长点。

第四，整个过程操作方法是先融资后做事，把实施目标所需资金融进来，融到资金后再向目标推进，随后相应的模式跟进，并配套相应的实施方案。这种操作模式可以简单理解为先融资，后做事，利用相应的工具，找到合适的方法，实现预期的目标。

第五，资本运作是一个很严谨的商业逻辑设计过程，它建立在产品市场运作基础上，加上完善的企业内部结构的治理、良好商业模式的植入，以及相应的资本路线规划。每一步融进来的资金使用方向都是有目的性的，这种操作方式为先把经营者的想法清晰地呈现在投资者面前，拿到资金，后做事。

下面我们将进一步探讨资本思维模式与愿景设立。

七、复杂经济环境下的资本运作思维

今天的企业是几年前努力的结果,这个过程是企业经营者亲身经历走过来的,非常清楚。今后的几年,作为经营者,要如何规划、目标怎样确定?希望你用资本的思维方式,把现在的结果作为今后的起点,设计当下,用未来的格局设计今后,把今后的目标清晰、明确地设定出来;在实施的路径上,把总目标切割成若干个分目标,然后寻找实现分目标的方法,制定出相应的计划、措施、办法及实施细则;找出实现分目标的保证条件和可以利用的资源,以及必要的理论数据,这样的分目标实现是可信的也是可行的。若干分目标有了可信、可行的结果后,企业的总目标就是真实、可信并具有可操作性的。

设计完成后,接着进行融资规划,把实现各个层面要达到目标的实施过程需要的资金,分期、分阶段地融进来。经营者要支持你的行动计划,进行资本运作,再构建相应的商业模式,这就是资本运作思考问题的方法。

首先设定目标,其次资本运作,同时构建商业模式。 把成果倒推,对中间的过程进行切割,把每个段要完成的结果切割出来,然后计划用什么样的方法去做、怎么做,明确你的资源支撑、理论数据,把未来设计的结果拿到当下,把未来的利润移植到现在,按照这样顺序构建商业逻辑,制定相应模式。

投资者考察的是公司确实计划可靠,项目具有培育的价值,公司要达到的结果会给他多大回报。

市场运作与资本运作的区别（如表 3—1 所示）。

表 3—1

市场运作	资本运作
创新精神；	金融工具／产品；
无限宽广；	聚焦产品深度，利润空间小扩展宽度；
商业周期；	平台；
逻辑思维；	思想空间；
被动；	本能／直觉；
实证分析。	主动、体验智慧。
你能说出更多吗？	你能说出更多吗？

传统产业采取的是累积沉淀，没有把资金流、现金流、资源变成资本的思维。资本运作使传统企业变成更具有支配能力、垄断能力和掌控渠道的能力，实现资本更大的扩张。未来的企业生存是有控制力的企业，并且能够在相关的产业链中节点上切割出多元的形式，创造更多的盈利模式。今天的企业应该善用资本在产业发展进程的某个节点上助力而不是放弃传统。

良好的资本运作是建立在良好的市场运作基础之上的，同时加上完善的商业模式。良好的商业模式源自于公司清晰的愿景，并且是可落地执行的周密、完整的体系。你的公司能够上市不是你有多厉害，而是你公司的定位准确。做企业按照上市规范要求去做，你将收获的是规范（如图 3—53 所示）。

资本奇迹 创造财富的真正秘诀

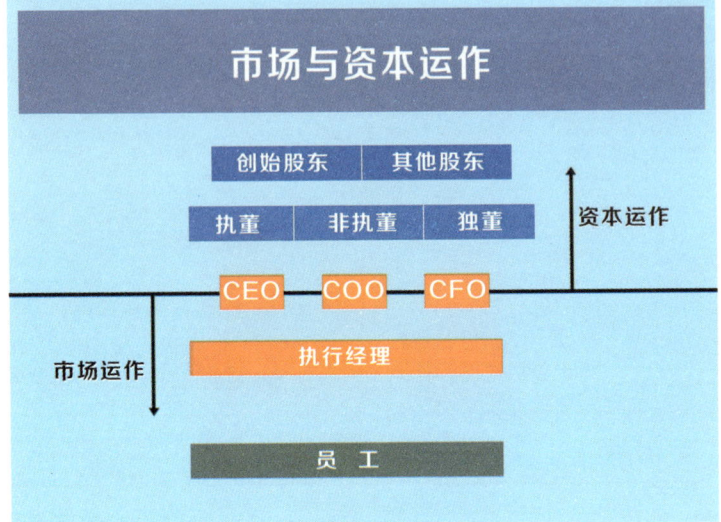

图 3—53

第三章 商业模式

思考题： 1、根据自己的实际设计商业模式。你悟到了什么？

2、资本运作与实体经营有什么不同？

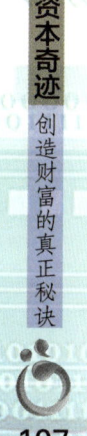

第四章

资本投资与风险规避

拥有资本思维方式，利用红点理论可以判断出企业脉络和走向，良好的商业模式策划意味着企业发展目标可操作落地执行。那么投资者如何判别该企业是否可投资，依据是什么？风险又如何规避呢？

资本奇迹 创造财富的真正秘诀

通过前面的介绍，现在你已经建立了资本思维方式，利用红点理论可以判断出企业脉络和走向，良好的商业模式策划意味着企业发展目标可操作落地执行。本章将探讨投资者如何判别该企业是否可投资，依据是什么，需进一步了解的内容有哪些等。

企业要么上市或者达到上市要求，要么向着规范化的方向发展。对于有志向把企业做大，想争取更大的发展空间，再借用资本的力量助推企业快速发展，在短期内快速达到预期目标的人来说，我们将帮助他们进一步了解这样的企业，对投资者给出相关信息的启发，从不同的侧面进行分析。

投资者想要进入投资的操作层面，还需要对专业技能提升做必要的储备，另外也要对大环境做必要的了解，评估外界环境将会给投资带来风险。

在IPO之前企业运作的路径中，哪里是投资者切入点？既然是投资，就应该明确投什么、投哪里及怎么投？安全性以及预期收益如何？对项目要进行风险评估，不同阶段特性是什么？投资者要根据自己的实际情况确定参与程度。IPO之后的投资是股票二级市场，股民的投资这里不做探讨。

一、风投认知：快速进击，向死而生

风险投资是一种以权益资本的方式存在的股权投资形式，通常以创业或高成长性企业为投资目标，以占有被投资公司的股份为手段，

第四章 资本投资与风险规避

在恰当的时候增值套现，实现投资增值。

投资的对象是能迅速发展且具有巨大竞争潜力的企业。风险投资是一种权益资本，拥有被投资企业的部分股权。从被投资企业的角度看，同样是融资手段，创业需要的资本与银行借贷资金相比具有很多优势，银行为了保证安全性，对于这种风险极大的贷款通常采取回避的态度。在融资渠道匮乏的情况下，风险投资基金的存在就成为必然。从权益的角度看，当持有创业股份后，投资者的利益就与企业连接在一起，随着资金的进入有时还参与企业管理等方面的工作。由于企业还未上市，为了降低风险，投资者一般不会谋求控股地位。

风险投资唯一的目的就是帮助企业实现快速发展，带动投资增值，然后在恰当的时机套现退出。退出的方式有三种：首次公开发行IPO、被其他企业兼并收购或股本回购、破产清算。实现首次公开发行、出售给第三方企业或者股本回购，只要出售的价格高于投资成本，就意味着投资获得成功；而破产清算则意味着损失和投资失败。

为了保证投资更安全，在做出投资决策之前就要制定具体的退出策略，包括利润分配决策、股息政策、退出方式和退出时间，以及怎样退出可以使投资收益最大化。进一步说，就是投资者在进入之前，首先要想清楚投入资金的出口在哪里，以什么方式退出，这是前提条件，然后再考虑预期收益等方面的事情。既然是投资，就存在风险，因此必须理性地去判断、分析，把投资风险降至最低，避免投资盲目性。**可控的投资叫投资，不可控的投资叫赌博。**

二、风投特性：执著于指数式增长

关于风险投资的概念，目前尚未有统一的观点。一些人认为，风险投资是对还不具备公开上市资格的小型企业，提供所需的资金融通，其中包括创立、成长等阶段的融资，并且不以取得经营股权为目的。也有人认为，风险投资是将资金投资于新创的风险性公司或高科技导向的企业，风险虽高，但可以有巨额的股利或资本回报。还有人认为，风险投资是创业资本投资者对迅速成长的中小型企业所进行的股权或近似股权的投资，以促成被投资企业实现其目标，并以取得少数股权为报酬，其投资对象并不一定是高科技或创新性公司，投资也不以控股为目的。此外，也有人认为，风险投资是对迅速成长的中小型企业提供融资，包括上市前的各阶段之种子资金、创办资金和拓展资金；在上市后，运用其股市操作经验，提供稳健与支持性的投资，以协助新企业的发展。

尽管关于风险投资的概念存在不同的观点，但它具有以下特点：

第一，风险投资的对象是非上市的中小企业，并主要以股权的方式参与投资，但并不取得新企业的控股权，通常投资额占公司股份的15%至20%。

第二，风险投资通常是10年以上的长期投资，以待所投资的事业发挥潜力和股权增值后将股权转让，实现投资利益。

第四章 资本投资与风险规避

第三，风险投资的投资对象属于高风险、高成长和高收益的创新事业或风险投资计划。

第四，风险投资项目的选择是高度专业化和程序化的。一家处于创业期的公司要得到风险资家的投资，通常必须首先向风险投资者递交项目计划书，介绍本公司的基本情况和发展计划，以此进行初步接触。如果风险投资者对该项目计划感兴趣，双方就可以进行进一步协商，一旦达成协议，创业公司可以向风险投资者出售部分股权，从而获得发展资金。

第五，创业企业经营者和投资者必须充分合作和信任，以保证计划的顺利进行。风险投资实际上通过风险投资者特有的评估技术的眼光，将创业企业具有发展潜力的投资计划和自己充裕的资金结合，在这个过程中，风险投资者积极参与企业管理，辅导企业经营。

第六，风险投资者在出售股权之前，必须持续给予受资企业各发展阶段注入资金。

从上述分析可知，所谓风险投资者实际上是一种专门对处于发展早期阶段的中小型新兴企业，甚至是一些处于构想中的企业进行投资，并以获得高额资本利得为目的的资本组织形态。风险投资的企业主要是从事高科技开发的企业，但并非只有高科技企业才是风险投资的对象。

一个投资项目真正能够得到风险投资支持的概率可以说是百里挑一。风险投资项目在通过初步筛选后，风险投资者或亲自或委托投资顾问公司开始对这1%左右的项目展开尽职调查，即认真细致地对企业现状、成功前景及其经营团队进行调查了解，详细研究和考察产品市场、人员素质以及经济核算（核实和确定每一个数字）等。经营团队素质构成了投资决策的首选依据，其次是产品市场增长和投资回报率。

据美国风险投资俱乐部月报的资料表明，以下为前10项投资决策考虑因素：企业家自身具有支撑其持续奋斗的禀赋；企业家非常熟悉本企业的目标市场；在5年至10年内至少能获得10倍的回报；企业家的背景证明其具有很强的领导能力；对风险的评估和反应良好；投资具有流动性；可观的市场增长前景；与风险企业有关的历史记录良好；对企业的表述清楚明了；具有财产保全措施。

由此可见，企业经营者的管理能力，产品、服务或技术的独特性，产品市场的大小，投资、退出风险等等，构成了决策评价指标体系的主要组成部分。因此，对多种相关因素都要充分地认知，判断项目要客观，分析事情要理智，投资决策要睿智。

三、IPO前传：鸟瞰复杂协同流程

接下来，我们将探讨企业上市之前的几个节点。从企业成长的路径看，企业上市之前要经历过创始阶段、天使投资、私募股权投资、风投资金、投行资金、IPO企业成功上市几个阶段。要根据投资者各自不同情况，选择合适的切入点。

第一阶段：企业创始阶段。

企业由发起人创办成立公司，股权结构只是创始股，企业用创始资金对产品进行研制、开发和试销。这是产品进入市场的初步阶段，这时企业最大的困难是缺少资金。创业者尽管有一流的创意与愿景，有独特的商业模式和怀揣创业梦想但没有融资需要的抵押物和担保，所以银行很难提供贷款，而 PE、VC 又不在可投资的点上。在这种情况下，有一种方式可以选择，就是企业可以通过天使投资获得资金，助力企业过渡到 PE 可投资的点上。根据企业总体规划，首先理顺好产权关系，组建企业管理班子，完善经营计划，谋划有利于自身长期发展的融资渠道，走过企业发展过程的初创期。

这时的企业承担风险最大，如果投资者有独特眼光看好当下这个"菜鸟"今后发展的未来，并确信会给投资带来很好预期收益，那么，当未来的某一天真的能够上市，创始股的投资收益将是最大、回报最高的。

第二阶段：产品各项技术指标达到预计设定的指标，市场前景看好，公司的产品得到市场认可，有确实可行的生产工艺和市场营销计划。

随着企业的发展，企业需要进一步扩大生产规模以满足市场需求。为了能够达到快速发展抢占市场，短时间内达到预期发展目标，公司采取释放股权的方式吸引天使投资。如果你是一位天使投资者，就要站在机构投资者的角度来综合评价项目，也就是说，要用投资者的思想客观地去分析。你认为项目可行，机构投资者也认为该项目可以培育，能够达到机构投资者的预期收益，你对项目的评价结果与投资机构结论相同或相近，这样后续接棒资金才能顺利进入，你的天使投资才能够落地。关键是在评估项目时，一定要站在机构投资者的角度去分析、判别。你能够看多深，能了解到哪个层面，决定你投资风险的高低。

第三阶段：产品销售增长阶段。

在这个阶段，由于产品销量增长，企业开始盈利，但是企业内部的现金流满足不了企业快速发展的需要，还需要进一步释放股权融资。此阶段的资金将用于扩建生产设施、拓宽市场、优化产品、优化生产工艺、降低生产成本等。PE私募资金进入，说明你的项目产品有发展前景，同时具备可培育的价值，你的产品进入可复制扩充阶段。这时的企业已经逐渐成型，投资风险比前一个阶段有所降低。

新三板就是为解决中小企业融资难而产生的，可通过新三板的股权交易平台融资迅速做大规模，培育成熟即转主板或直接境内外融资，这是当前资本市场发展给企业带来的机遇。

第四阶段：资金助力企业进入快速发展时期。

企业基本成功并比较稳定，对投资者来说风险已大大降低，但是仍需要外部资金来支撑其发展，VC风投资金进入，企业借助资金的支持可以进入快速发展时期。这时企业发展布局不仅仅是单一板块，投资机构更看好企业的这只"鸡"再经过培育可以给投资者生出更多的"蛋"，能够达到或满足风投机构投资者的预期。

第五阶段：过渡性阶段。

IB投行资金的进入，投资者退出方式已有初步设想，并已知大概时间。这时的企业已经有了足够资金支持，当下应该谋划好企业战略发展方面的事宜，嫁接整合相关资源以助推企业做大，设计好不同板块的盈利模式，做好近期、中期、长期发展规划及相应的股息政策及财务规划，进一步完善商业模式在体系运行过程存在的不足。此时距离上市只有"一公里"。

第六阶段：IPO 进入。

这时企业已经走近上市门槛，IPO 最后助力把企业推向上市。当锁闭期解除后，公司的股票可以在二级市场进行交易，这时企业和投资者皆大欢喜，投资者终于"修成正果"，可以进行离场套现。

下面，对上述各阶段进行总体分析。

从第一阶段到第二阶段投资风险最大。资本市场的游戏规则，按投资风险与收益成正比的原则进行分配，关键的是投资者要选择什么样的项目，具备慧眼识珠的判断能力，能够把别人看不清楚的看清楚才行。同时，投资者也需要具备以下两个条件：一是有闲钱，生活没有问题，有金钱和资本的能力来做这件事；二是最好有一定的创业经验，有一定的商业知识，有一门专长，在某一个领域有独到的经验。

从第三阶段到第六阶段的投资是金融机构的投资，一般情况下个人投资很难进入。如果你具有足够的资源和资金的实力，也可以直接或间接参与。机构投资的成长、培育资金一般比较安全，很难轮到个人参与，要想挤进去一般也是高价参股。要知道投资的机会不可能均占，凡是大家踮起脚尖的事情，你就另辟蹊径，采取战线前移，选择起步阶段的项目进入，风险虽然大一些，但是与收益成正比，如果有后续资金的接力，也能为你的投资加上一道保险。

下面的图 4—1 是 IPO 路线图：

资本奇迹 创造财富的真正秘诀

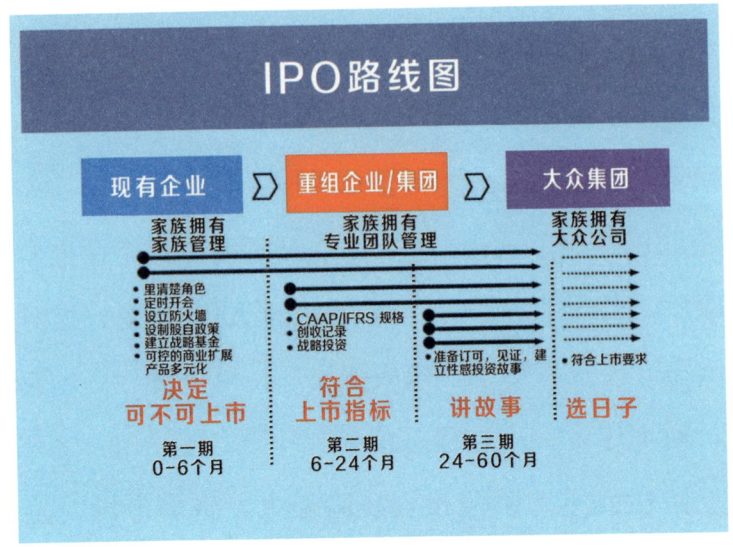

图 4—1

上市是打造明星企业、催生富翁的摇篮,中国 A 股已经上市公司有 2560 家左右,还有 2000 家左右在 2016 年上市。根据自己的实际情况,坚持上市与不上市都有各自的理由,都是择其善者而从之。上市前首先要进行相应的论证,明确上市能够给企业带来什么,权衡利弊得失,然后做出相应判断。

根据目前已经上市的企业所走过的路径,概要简介上市的过程。具体来说,依次按照以下八个步骤来操作:

第一步,要聘请律师、会计师、推荐人等中介机构,进行上市前的准备,由这些专业中介机构协商后拿出上市在资产重组和股权发行等方面的初步方案。

第二步,企业通过中介机构的指导对企业的法人治理结构进行完善,调整公司的资产和财务账目,准备上市相关资料。

第三步，上市中的制度设计，建章立制，如股权制度设计等。

第四步，上市文件准备，发行人、证券公司和投资参与者签署有关协议。

第五步，上市前资本运作，转增股本、配股及增发等。

第六步，企业选定境内、境外交易所与之签订上市协议。按照规定，在中国内地上市，企业要进行备案，及上市前的辅导；境外上市则要事先向证监会报告或备案。

第七步，在所有资料准备完毕之后，企业须取得上市所在地区政府部门认可、行业主管部门备案或推荐，向证监会上报，最后得到证监会批准后，到股权交易所申请挂牌。

第八步，上市后相关信息披露，按照法律、法规、证券部门管理规章等规定，以相应的方式向投资者和社会公众公开相关信息。

以上的过程中涉及大量的工作，需要准备的各种文件有很多，特别是财务审计工作量很大。尤其是境外上市，证券交易市场对企业的财务账目有非常严格的要求，只要企业认真按照规定的条件和程序操作，上市就可以顺利实现。企业上市仅仅是企业的股票公开发行，能否实现企业产品和服务质量的提高以及效益的不断提升，需要不断的努力经营，才能实现企业效益的不断增长。

当前资本市场对上市企业的要求各有不同，就新三板、创业板1、创业板2、主板而言，其具体指标如下（如表4—1所示）。

资本奇迹 创造财富的真正秘诀

表 4—1

上市指标	新三板	创业板1	创业板2	主板
净资产（万元）	——	2000	2000	5000
无形资产比例（%）	——	65	65	20
持续盈利（年）	——	2	1	3
销售收入（万元）	——	——	5000	30000
销售增幅（%）	——	——	30	——
税后利润（万元）	——	1000	500	3000
发行股本（万股）	——	3000	3000	5000
推荐机构（个）	1	2	2	1
经营年限（年）	2	2	2	2

关于投资方面，笔者多年来经营企业的磕磕绊绊，也是实际经验方面的积累，给大家做个参考。

第一，看人，也就是对企业经营决策者的了解。识人从来不是一门科学而是艺术，只可意会不可言传。要从他平时待人接物、对事对人的态度、谈吐等来判断。如果这个人对事情本身的兴趣远远大于金钱，像马云对电子商务的痴迷，马化腾对技术的痴迷，李彦宏对搜索的痴迷，这些人不给钱都愿意去做。这样的人靠谱，这说明这个人对行业有超乎寻常的热情。创业者本身是形成潜在投资的重要因素，他必须日复一日地去运营自己的企业，所有的责任都在创业者的身上，所以必须做真实的自己。

第二，看周围的朋友，诚实可信对于大部分投资者来说是放在第一位的。

第三，看团队有没有凝聚力。

第四，看项目前景，产品是否有足够扩张性，规模化程度如何。清楚他为什么创业，凭什么可以成功。梳理好这些问题对创业者进行理性分析，也是后期成功与否的基础。

除了看人，还要看企业。企业是否具有投资价值，要将以下几个方面作为参考：

第一，考察公司的商业模式创新与行业趋势的关系，适应趋势还是符合趋势或是创造趋势？产品在产业链的位置如何？

第二，公司是否具有终端资源开发与服务的能力？终端开发的成本与终端服务的价值链条关键环节控制能力如何？

第三，产品链条可延续性，考虑今后产品拓展空间和利润增长空间，产品被客户接受的程度。

第四，利润的可预测性与持续性，未来利润的预测性如果没有可靠的依据来评估，那么任何未来的价值投资都是投机，所以要做好综合业务评价，确定合理的利润增长，得出客观的收益预期。

第五，考察资本支出与企业估值。公司估值是着眼于公司本身，对公司的内在价值进行评估。公司内在价值决定于公司的资产及其获利能力，公司估值是投融资、交易的前提。企业现金流一定是正数，说明公司创造的现金比花费的现金多。这里面有很多细节需要分析，如对不同时期业务进行评价、对比，对得出不同结果进行分析，综合评判。

第六，企业是否具有持续的成长性，必须清楚以下几个基本问题：

其一，公司的产品是否有足够的市场空间？其二，公司生产的产品竞争程度处在红海还是蓝海，进入的门槛高不高，是否掌握产品的核心技术？其三，产品毛利水平有多少？其四，公司利润增长的源泉何在？其五，公司的成长是否属于周期性增长？

风险投资一般要按照这样的过程来运作：第一步，分析项目的来源，由此界定潜在的投资方向；第二步，通过对项目审查和筛选，把目标锁定在可行性较强的项目；第三步，对项目进行潜在的收益和风险评估；第四步，如评估合格，投资者与企业签署投资协议；第五步，投资后要建立风险分析系统，并为企业提供相应咨询；第六步，企业上市后，投资者的收益及退出。

四、获得投资者认同的条件

获得投资者认同需要四个条件：一是对企业及产品的了解；二是风险控制；三是退出机制；四是投入产出分析。下面我们逐项分析。

先来看对企业及产品的了解。

创业企业普遍存在规模不大、经营不够规范、技术不十分成熟、产品有待完善、市场风险较大等特点，每个投资的项目都有风险，没有哪一个企业初创期是完美的，因此必要的调查是不可少的环节。调查所要做的就是减少风险，它是了解被投资企业或项目真实性的重要途径，也是投资进行决策的关键。

第一，企业基本情况。内容包括注册资金基本金到位的情况，注册资本中有形资本和无形资本的比例，股权结构及管理和技术团队的持股情况，财务内部控制、规定的健全和落实情况，企业资产质量和资产管理效率，融资的投向和盈利能力，重点考察的是企业的财务管理制度和股权结构状况。

第二，管理团队情况。在创业团队中，人的因素所起的作用往往比技术本身更重要。在创业团队中，企业家是核心，是重点考察对象。对企业家的判断能力、领导力、进取心、诚信度、创新能力等综合素质全面进行了解。作为创业时期的企业，需要有管理、财务、技术、人力资源、市场、产品等各领域的专业人士组成的管理团队来推动企业发展，对团队的调查应重在互补性方面进行考察。

第三，产品的技术优势。产品的技术优势是企业的核心竞争力，是企业快速发展和可持续发展的保证，企业的亮点也是通过产品展示出来的。应从以下方面考察：产品或技术是否具有独特性，是否拥有自主知识产权，是否采取了有效的知识产权保护措施；是否掌握了产品的核心技术；产品和技术的结合是否满足目标客户的需求；产品和技术的可替代性以及产品或技术的生命周期；技术储备情况以及可持续开发的能力，侧重了解产品或技术的独特性、垄断性和成熟性程度，以及企业持续研发的能力。

第四，行业前景调查。任何产品或技术如果没有广阔的市场前景，其潜在的增值能力都是有限的，从而不可能达到投资者追求的将创业企业培养壮大的成长目标。调查一个企业所属行业发展前景，应从宏观上把握发展趋势，从技术上分析其发展潜力，侧重行业发展水平、产品技术的发展趋势、未来市场容量、细分市场结构以及政策导向等，

资本奇迹 创造财富的真正秘诀

对于快速成长的创新企业，应结合该行业已经上市公司在证券市场上的表现和市盈率倍数进行对照分析。

第五，财务调查。通过对资产负债表、损益表、现金流量表进行财务分析，了解企业财务结构、趋势、比率，未来损益关键影响因素，未来现金流量是否能满足经营与投资的需求，由数据进行流量分析，得出项目效益指标，如内部收益率、净现值、投资回收期。同时，对这些效益指标的假设前提和假设变量进行说明，成本及市场增幅的设定、单位耗材等综合指标进行财务分析。通过一系列科学管理方法，有效降低成本，是企业获得成本的竞争优势，这样企业的产品在市场需求发生变化时能够有更大的回旋余地，从中得出可靠的参考依据。

另外，公司的年报不仅反映公司的形象，具体的数据展现在投资者面前，所有数据和信息还能够让投资者看到公司的骨架是否健康，是否具有成长性。投资者结合有形与无形资产进行分析，不言自明地会得出客观、理性的判断。

再来看风险控制。

风险管理实际上就是把我们能够控制结果的领域最大化，我们无法控制结果的领域变得最小，因果之间的联系就在我们的周围。

企业风险来源于两个方面：一是企业内部的经营风险，是企业经营活动所固有的风险，直接表现为企业利润的不确定性，经营风险不同于筹资风险，但又影响筹资风险。当企业完全用股本金融资时，经营风险即为企业的总风险，风险由股东投入股比分摊。产生的原因主要是市场环境的变化带来的风险，经营风险侧重于内部因素给公司带来的风险，主要是源自于对项目的整体分析、市场调研、竞争能力、业务水平及效益等方面分析不够，造成决策上偏差。

二是企业外部发生变化给企业带来的风险，主要是外界环境发生变化给市场带来的冲击，这就需要对宏观政策的走向以及行业发展的趋势做必要的了解，做到大方向可行，细节得到验证。由于企业对项目的成熟和自信，所有的风险都在预料之中，但是也应该有经营风险的相关分析和应对预案，通过量化技术手段，评估风险程度，确定轻重缓急，这样会显得更成熟一些。

接着来看退出机制。

作为投资者，投资之前一定要想清楚退出之路，融资者也必须提供一套清晰完整的退出策略。股权投资退出有以下几种方式：

第一，IPO上市，企业和投资者皆大欢喜，投资者终于"修成正果"，只等抛出手中持有的股票在二级市场转让出手。这也是投资回报率最高的退出方式，是企业的盈利和资本获利构成上市的收益来源。

第二，股权收购，以高出投入本金离场，投资有所收获。在IPO之前的不同阶段也可以协商退出。

第三，清算离场。由于种种原因，企业经营失败，导致投资失败。

不管是哪一种情况，退出机制要清晰明确。

最后来看投入产出分析。

投入产出分析，简单来说就是明确项目需要多少钱，融进来的资金投在什么地方，投资后能换来什么，最后要达到什么样的经济效益指标。按照项目计划书融资规划中的金融路线图，可以预判每一步融入资金及使用方向要达到什么结果，再通过具体财务指标进行量化分析，最后得出相应的结论。

企业不同阶段给投资者带来思考：

关于愿景阶段的思考。企业愿景是发自于内心还是由别人设计？此时的企业红点对事业热情、信念和做事决心产生怎样的影响？投资者为什么投资你？你凭什么成功？企业的商业模式及运营模式是否合理？

关于思维格局的思考。企业红点思维格局以及内心是否健康？个人是否能够承载这个事业？个人带团队的能力如何？能够感召到多少有共同价值理念的人？

关于交易结构设计的思考。交易结构设计是否合理？这是天使阶段的逻辑判断。

关于释放股权的思考。企业融资走到PE阶段，产品销售已经有了一定规模，为获得更大的市场占有率和更多的资源，这时需要更多的资金。企业在不同发展阶段对资金的需求不同，通过释放一定股权去调动资源支配权。

在投资的时候，暂时不清楚的事情，可以把资本附着在具有前景和未来收益的事情上，把风险降低，在条件成熟的时候找到新的增长点。

五、从投资者视角反思企业运营

创业者有想法、有执行力并且能够清楚地认识到成功所需要的

工具和资源，更能够吸引睿智的投资者。在市场经济条件下，由于市场行情的变化，企业之间的竞争日益激烈，都可能导致管理措施失当，投资决策失误，从而产生投资风险。因此，要对影响行业的各种因素进行充分预估，关注整体市场的趋势变化并及时做出相应的判断和决策。如果企业以投资换取利润的方式，资本金在逐年减少，本金在保本的过程中运行才是良性的，利润增加不能以本金多少为代价来增加投资冲高企业利润，那是不真实的。如果你是一个投资者，下面的参考很值得深思。

第一，有形资产和无形资产。

传统企业经营理念是有形资产为皮，无形资产为毛，产品信誉只不过是资产规模创造出来的附属品，企业越大，信誉越高。现代企业经营理念是无形资产为本，有形资产为用，资产规模只是用来赢得产品信誉的工具。有形资产一代富，无形资产一夜富。企业要想实现超常规发展，就得学会经营无形资产。谁要拥有了无形资产，就等于拥有了一张皮，其他有形资产就会像毛一样通过资金的黏合剂与之相附。因为投资者不是购买资产的本身，而是购买资产增值的期望值。

第二，企业必备条件。

大方向好，小方向被验证，团队执行力出色，具有吸引力的商业模式，客户的获取及扩张性，资本的收支平衡时间，投资回报率以及退出策略等，这些都是需要考虑的因素。如果创业者能力不足，再好的方向也很难把握；如果创业能力非常出色，但是方向不对，团队越具有执行力，最后的结果越惨重。判断一个人是否有潜力要看智商、情商、背景和经验。人品要正，要有积极正确的人生观。投资者不可

资本奇迹 创造财富的真正秘诀

以和品德不高尚的人一起合作。如果你想投资天使,就有机会融入团队,如果需要就花一些时间,但要做到"帮忙不添乱",把你的经验分享出去,帮助创业者看到他们的成功,你会觉得很有价值。同时,也要保持跟整个社会的交流,尤其是跟优秀创业者的交流,这对投资者本身的经验也是一个积累和丰富的过程,这就是投资利益的诉求点。生意是赚钱的途径,是成长过程中的一部分记忆,也是成长过程中的历练。事业是为了得到被他人需要的存在感和自我价值的实现的满足感,这才是我们为之奋斗的目标。

读到这里,你已经了解到一些有关思维方式的转变、企业经营管理水平的判定、建立商业模式的思考、组合资源实现资本裂变,以及投资等方面的相关知识。只有学会解决问题的思路和方法,所学的知识才会有价值。掌握分析解决问题的路径比解决具体问题本身还重要,但愿本书能够在某些方面给您带来积极的启发和帮助。

下一章将对财富裂变进行介绍。企业上市只是财富裂变入门,如何实现财富裂变?请看下面的内容——资本奇迹与财富裂变。

第四章 资本投资与风险规避

思考题:在投资过程中什么样的企业可以投资与不可投资,本书给你的启发有哪些?

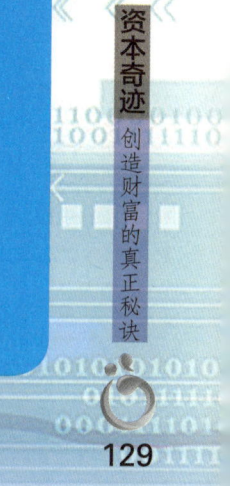

第五章

资本奇迹与财富裂变

通过资本运作产生财富裂变是上市企业进行财富再积累的过程,它是投资者全局掌控能力以及资源整合能力的综合运用。

资本奇迹 创造财富的真正秘诀

阅读到这里，你已经了解本书前面的相关内容。总结一下，本书的思路框架是这样的：首先，怎样转变思维方式，去认识、了解资本运作，为下一步的参与做好相应的思想准备；接着，用红点理论去分析企业所处状态，对你要投资的企业提供相应判断，对企业组织结构在不同发展阶段做出适应性调整；然后，进行商业模式策划，从模式了解企业决策者的思维方式，以及企业经营管理所处的状态，根据行业发展趋势预测企业今后发展的预期和持续盈利能力；随后，分析你所要投资的企业，对内部管理和经营情况进行尽职调查，为今后要上市，目前还在创始轮以及天使阶段的投资者提供投资参考。本章将对资本裂变和财富产生过程详细介绍。

通过资本运作产生财富裂变是上市企业进行财富再积累的过程，它是投资者全局掌控能力以及资源整合能力的综合运用。这种模式人们往往看不到，财富裂变只有少数人和圈内人知晓，裂变是在悄悄地进行，国内绝大多数上市企业认为上市便已经完成了融资使命，对如何实现资本裂变却没有更多的想法，其主要原因就是对资本裂变的相关知识不了解和操作技能不熟悉，因而停留在此阶段。裂变是用资本的杠杆去撬动更多的资源，获取更多的财富，这在财富奥秘示图中可以得到启发。

资本裂变是以小博大，相互置换股权、相互持有的互动，并且是以良好的产品市场运作为前提，具备可操作的运营模式和管理模式，这是撬动资本的杠杆支点。资本运作是一个严谨的、符合商业逻辑的规范化设计过程，具备这样的条件再善用资本的工具助推产生的资本裂变以及财富裂变，加上你的思维裂变，把资本的杠杆落到合适的支点上，你的财富裂变才能真正落到实处。犹太人利用他们的智慧，精耕细作，实现了财富裂变，我们从中可以得到很多启发，可以找到值得借鉴的方式、方法，结合自身的实际情况去判断、分析和操作。

一、财富裂变：从0到1，从1到N

现金流对企业至关重要！比如一个企业一年现金流有100亿，每年亏1000万，那么它运作几百年都没问题，因为10年才亏1亿，100年才亏10亿，只要现金不断流转，稍微延期几天或几个月还款是没有问题的。可见现金流有多重要！赔钱的企业只要有现金流，就可以耐心等待时来运转；而赚钱的企业没有了现金流，就会很快死掉！要做到现金流最大化，就要懂得资本运营。

传统企业的财富积累都是通过产业和贸易两种方式，实体企业经营的是产品，看得见的是买卖，赚的是利润。当企业发展到一定规模，维持企业运行的血脉——资本不可或缺。比如世界五百强企业资本的积累过程，不仅有客户需要的产品要素支撑以及良好的市场运作和商业模式策划，还有不可或缺的资本助推，通过资本的汇集助推企业快速发展壮大，实现财富迅速增长。

资本运作又称资本经营、消费投资、连锁销售、亮点经济、离岸经济等，是民间借贷或者融资的一种。它是利用市场法则，通过资本本身的技巧性运作或资本的科学运动，实现价值增值、效益增长的一种经营方式。简言之，资本运营是以利润最大化和资本增值为目的，

资本奇迹 创造财富的真正秘诀

以价值管理为特征，将企业的各类资本不断地与其他企业、部门的资本进行流动与重组，实现生产要素的优化配置和产业结构的动态重组，以达到企业自有资本不断增加这一最终目的的运作行为。

以资本最大限度增值为目的，对资本及其运动所进行的运筹和经营活动，有两层意思：第一，资本运营是市场经济条件下社会配置资源的一种重要方式，它通过资本层次上的资源流动来优化社会的资源配置结构；第二，从微观上讲，资本运营是利用市场法则，通过资本本身的技巧性运作，实现资本增值、效益增长的一种经营方式。

微观资本运营的主体可以是资本的所有者，也可以是资本所有者委托或聘任的经营者，由他们承担资本运营的责任；资本运营的对象，或是一种形态的资本，如金融资本，或者是两种形态以上的资本，如运营生产资本、商品资本、房地产资本等；资本的各种形态必须投入到某一经营领域之中或投入多个经营领域之中，即投入到某一产业或多个产业之中，才能发挥资本的功能，从而有效利用资本的使用价值；资本作为生产要素之一，必须同其他生产要素相互组合，优化配置，才能发挥资本的使用价值，才能创造价值；**资本运营的目的是要获取理想的利润，并使资本增值。**

资本的核心也是创造价值链，把这个价值链通过资本的杠杆撬动进行放大，再做更大的市场、更大的产业。资本工具要服务于产业价值发展，为其发展所用是要发展更大的市场，所以要设计好你的交易结构、产业结构及风控机制。所有的事项都必须做好顶层规划和设计，必须立足产业价值，从传统的经营模式跳出来，用资本的思维设计你的商业模式，以务实的态度研究具体事情，以开放的格局布局你的交易结构,结合产业链和产业圈把盈利点变得更多,把能调动的资源为我所用,所有的一切都是为了创造一个很好的价值点,撬动市场。未来当你把产业链的模式做得更好的时候,再结合资本的工具,用资本的思维做产业,用资本的工具来助推,企业要用好这个工具将会变得更有价值。

资本运营的是一个体系,其中看不见的是模式,赚的是资本。实体企业通过自我完善滚动发展与借用资本的力量快速发展是两种不同的运营体系,资本运营可以在短期内把企业推向传统发展模式无法到达的高度,通过资本裂变可以把财富变成无穷大。如果你的产品具有很好的前景,同时又有资本的思维方式加上准确定位,完全有条件实现财富的快速积累,把企业推向更高的层面,有更大的舞台去实现自己的梦想。

二、财富裂变步骤:快速裂变,步步为"赢"

财富裂变一般遵循以下九个步骤:

第一步,选择一个好的控股公司,并把原来的部分剥离出去成立SPV。

第二步,成立框架,SPV单项或特项公司,可以收购企业下面的具体业务而不是企业。上市公司规则是,如果你收购的是企业,那你

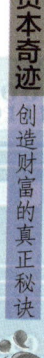

资本奇迹 创造财富的真正秘诀

上市的时间就要在两年以后；如果你收购的是业务板块，则没有对上市时间的限制。

第三步，成立投资公司，设定好股比，红点占49%，SPV单项公司占51%。

第四步，此时红点已经越过银河系，由专业团队操作，建立防火墙，搭建新的供应渠道，梳理原有子公司，干净运作。

第五步，对不符合主项的板块，进入投资公司。

第六步，制定短期、中期、长期的盈利规划。短期做摇钱树，维持正常运作及支付股息等；中期做可持续性设计；长期具有快速增长潜力的稳定板块，做到既有现金流又有长期发展规划。

第七步，在投资板块，要相互投资、相互持有股份，没有时间限制。资金投入方面只是配额问题，把主盘做好，其他方面随着上市，通过置换股份的方法相互支持，尽量缩短上市时间，通过裂变使财富变成无穷大，相互形成系统。

第八步，再投资其他企业。

第九步，继续裂变。

下面，结合视图来说明上述步骤的具体操作方法。

操作方法一：SPV特项控股公司的设计与操作。

设计一家SPV特项控股公司，项下主产业是公司主要利润来源，从盈利模式的设计上，应打造出既有中长期的盈利指标又有短期摇钱树的盈利模式，它是维持公司正常运营的基础（如图5—1所示）。

第五章 资本奇迹与财富裂变

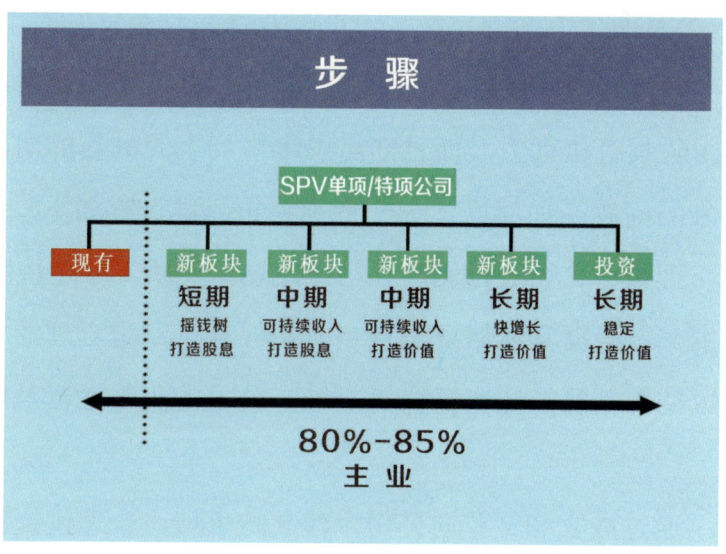

图 5—1

此时的红点企业团队建设、管理效率以及团队的执行能力，已经上升到新的高度，具备链接资源整渠道的能力，能够纵观全局，规划企业发展（如图 5—2 所示）。

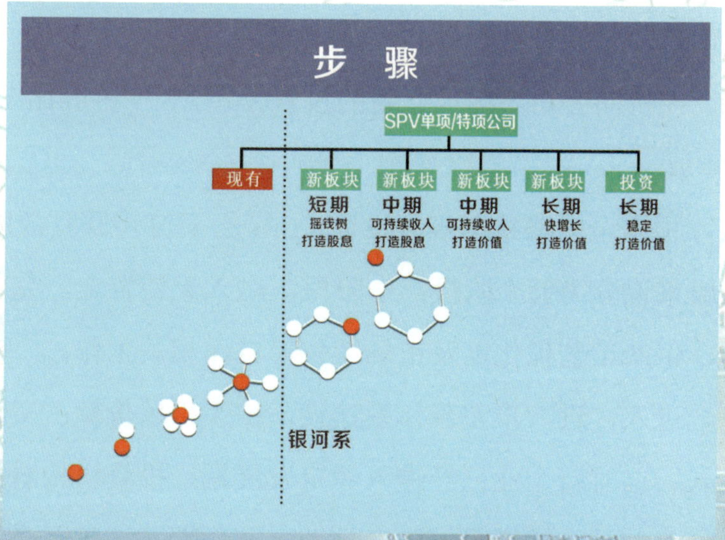

图 5—2

图5—2有两个方面的含义：一是企业产品具有良好的市场运作，定位清晰准确，有明确的目标设计和发展规划；二是企业内部结构治理完善，团队具有执行力，而且红点思维格局上升到新的层面。

接下来的问题是如何操作SPV特项公司。其过程如下：

第一，把原有公司进行剥离。马照跑、舞照跳，还是按照原有的规划进行生产，根据具体情况设置SPV新板块，制定合理的中长期发展规划，短期规划要打造出摇钱树，维持公司的正常运营及股息费用支出。

第二，通过成立SPV单向公司，建立防火墙，合理设置新公司的股权结构。

第三，在单向公司的下面成立几个新的板块，新的板块在原有公司的主业基础上，再根据产业特点关联性增加相应的新板块。在创利点的谋划方面，要打造出具有短期、中期、长期盈利模式及发展规划，中期规划可持续收入，不但能打造出股息还能够打造价值；长期规划继续打造价值，建立可持续盈利经营模式。

第四，在特向公司下面成立新的投资公司，SPV占股比51%控股，49%股权释放。

第五，根据金融路线图规划设计，SPV公司分步骤释放股权进行融资。一般来说分为五个阶段：一阶段，融入天使资金，完善新企业设备调整、生产工艺优化以及市场销售等方面相关工作；二阶段，私募股权资金进入，进一步完善体系建设，扩大市场份额；三阶段，风险投资进入，这时新企业已经进入稳定发展期，投资机构看好企业具有培育的价值并且能够满足投资者预期收益预期，这时新企业可以考虑收购原有的企业；四阶段，企业处于快速发展阶段，投行资金的进入助力企业完善资源整合等方面操作；五阶段，IPO助推企业走向上市。

SPV公司股权融资的金融路线图（如图5—3、图5—4所示）。

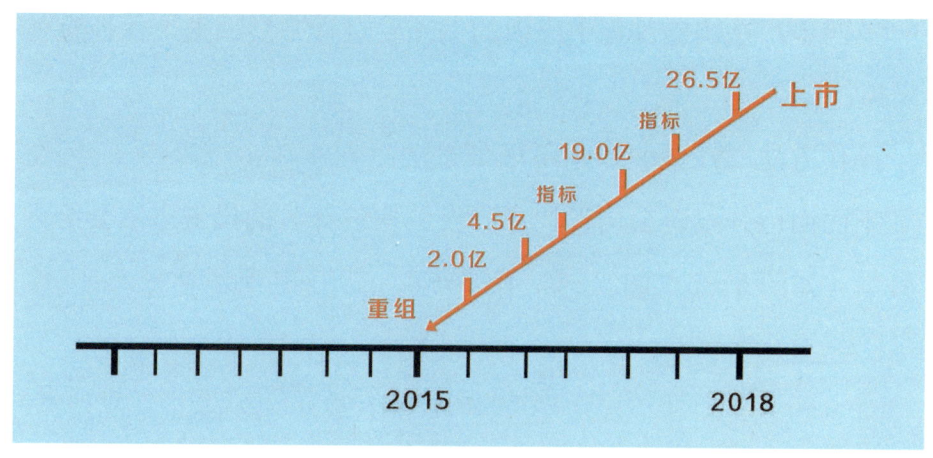

图5—3

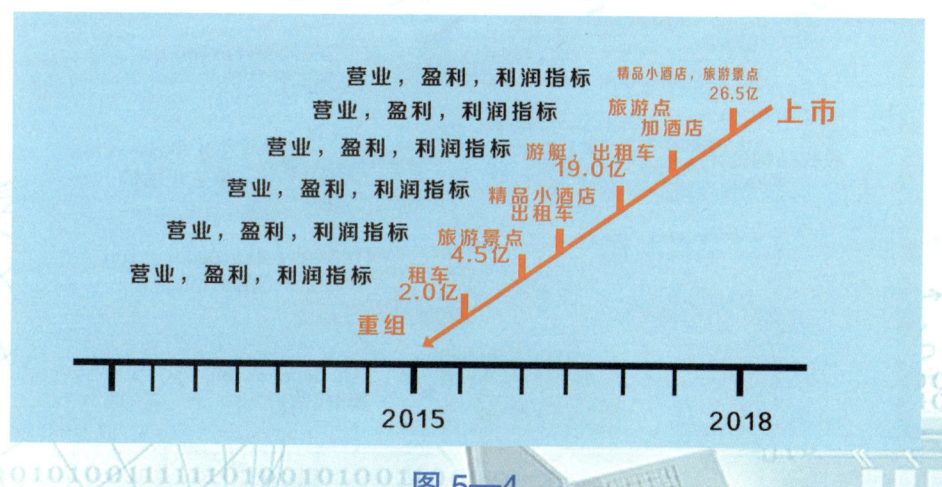

图5—4

按照上面的金融路线图，其股权融资的具体操作步骤如下：

第一步，根据企业定位，把愿景目标IPO市值进行分解。

资本奇迹 创造财富的真正秘诀

第二步，把分解出来的表现目标进行量化，按照相应的时间节点和融资规模，及要达到的相应的技术指标进行对应。

第三步，从特项公司 SPV—天使阶段—私募股权投资—风投资金—投行进入—IPO 实现，每个步骤实施要按照细则、方式、方法进行落实。

第四步，在实施过程中出现的偏差要进行必要调整，保证整体目标实现。

操作方法二：掌握和运用投资方法。

下面由巨强投资公司设计（股权结构设计）的投资方法会给你一些启示（如图 5—5、图 5—6、图 5—7、图 5—8 所示）。

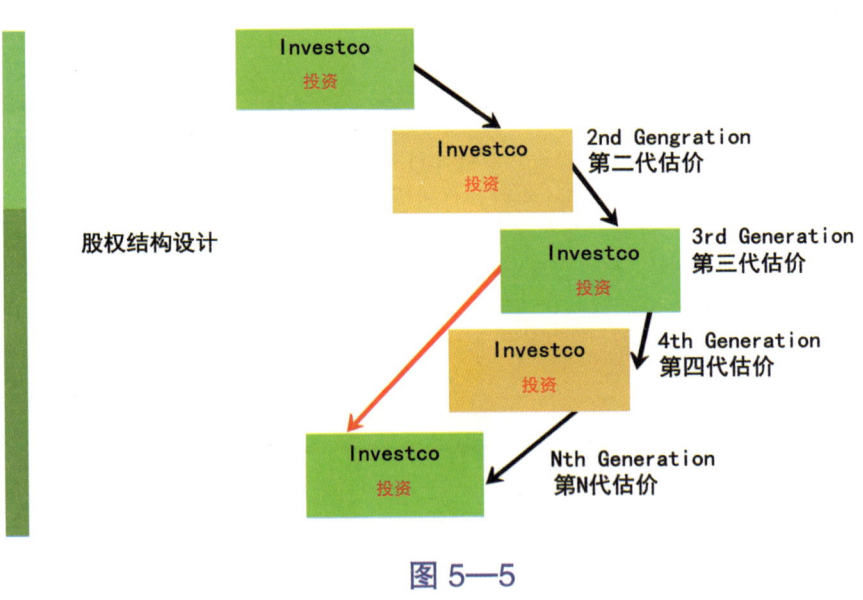

图 5—5

第五章 资本奇迹与财富裂变

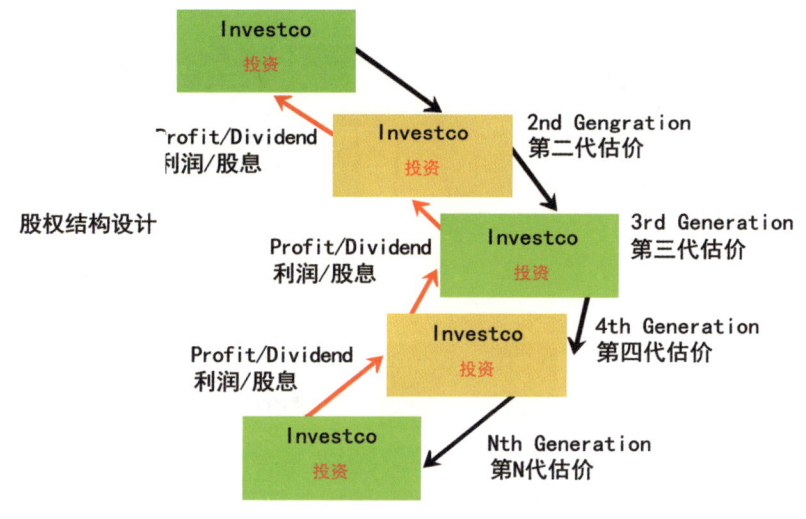

图 5—6

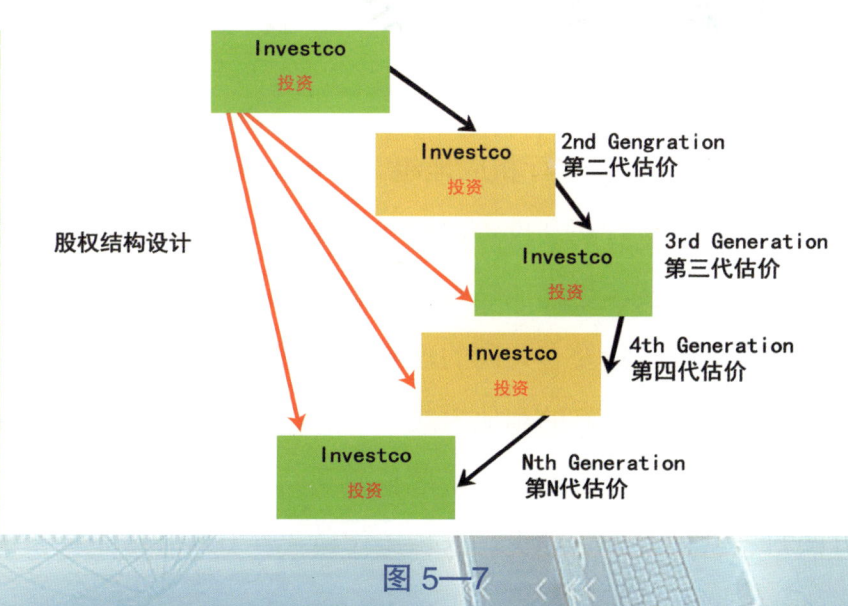

图 5—7

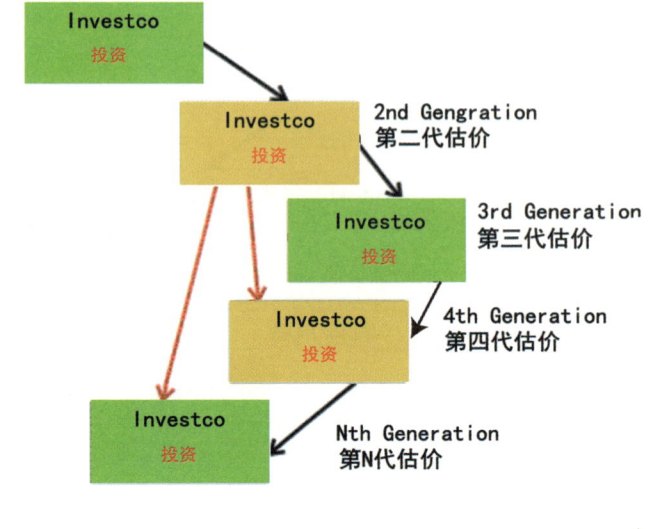

图 5—8

三、利他效应：高维度向下整合

　　根据产业链的特点进行相应地组合，根据每个盘的情况进行估价，以 20% 的股权进行相互投资、相互持有，进行合理配股，按照相应产业结构进行连接，这样能够有效地缩短上市运作时间。问题的关键是，连接企业的红点要有共同的理念，有愿望在整合资源的平台上快速成长。设置一个良好的利他模式是重点，利用"做乘法"的原理嫁接，创造新的利润增长点，在新增长的利润点上考虑利益分配，做到相互映衬、共同发展、壮大。这种运作模式在某种程度上来讲能够

第五章 资本奇迹与财富裂变

改变原来企业上市的融资方式，用理念嫁接资源，短时间内建立起完整的生产体系，良好的市场运作在资本的助推下顺利展开，相互促进使各节点目标顺利实现，资本裂变就水到渠成。比如，中国众筹资金如果在 PE 层面进行有效切割，融资就可以达到资金裂变的目的。

利他效应的含义是：如果一个人能够利他的话，大家都相互获利；大家都利他，大家都获利。利他效应很重要，核心圈内也有很多资源可以利用。

利他效应（如图 5—9 所示）。

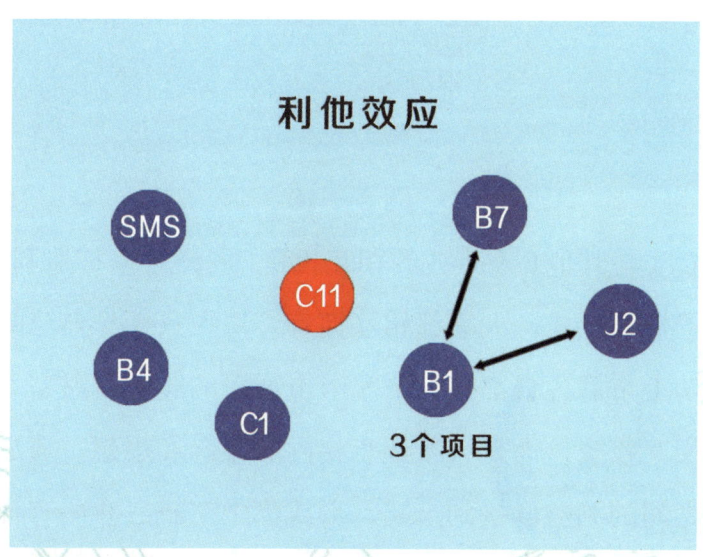

图 5—9

假如 B1 是利他中心，由 B1 与 B7、B1 与 J2 相互置换股权，那么彼此相互拥有。如果他们各自操作自己一个盘，成功上市以后，那么各自经拥有 3 家上市公司创始股。

同样，经过相互投资，成功上市后，每个都拥有 5 家上市公司创始股（如图5—10所示）。

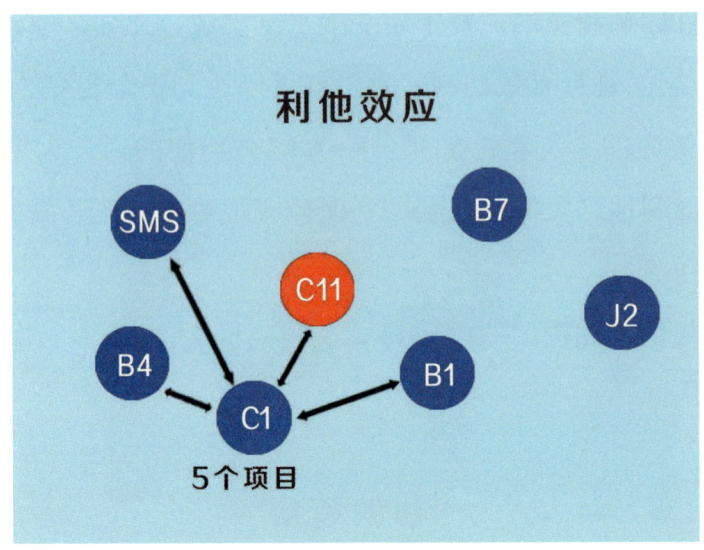

图5—10

如果C11与其他6家企业的相互投资，同样可以打造利他中心点。通过股权置换的方式，大家都相互拥有，每人只操作自己的一个盘，大家都成功上市后各自都拥有7家上市公司的股权。财富裂变不是简单的你我相互投资，而是大家都有相同的理念和思想，通过投资的纽带把相互之间的利益联接到一起，形成你中有我、我中有你的局面，聚集到资源共享的生态平台系统上。这种操作不是简单的加法，而是乘法的具体应用，各自的能量都得到了倍增，各自的财富将持续不断地增长，从而实现了财富裂变（如图5—11所示）。

第五章 资本奇迹与财富裂变

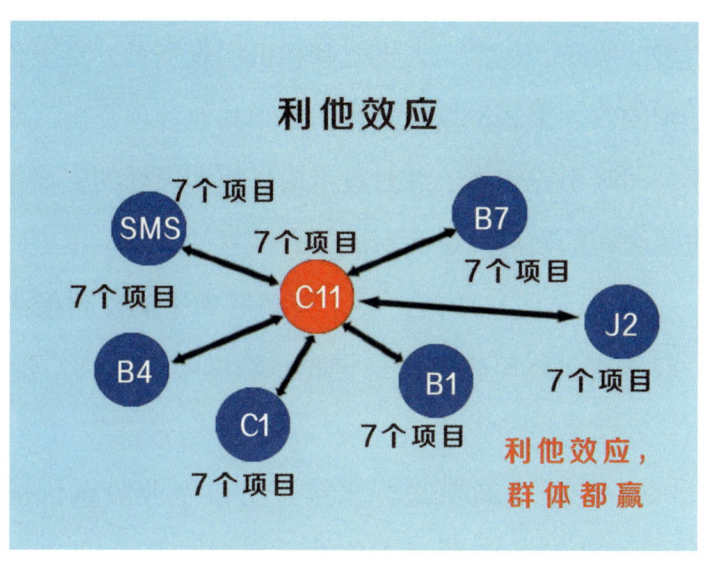

图 5—11

投资不是钱的问题，而是配额的问题。 如何理解？投资本来投的是钱，但是在钱的后面隐含的是稀缺资源创始股权的分配。这种资源不是每个人都能得到的，而是极少数人享有的。一旦企业上市，投入的创始股经放大、稀释后净值会得到几百倍、甚至几千倍的增值，这就是财富裂变的根本所在。配额，优先的股权，坐享其成的稀缺资源。

国外投资公司主要是管理人脉，对可投资的项目经评估后进行路演，寻找有意向的投资者，然后把融来的资金用到公司，成立 SPV，再进行投资、裂变。

稳定股息政策是现金股份配额，应该作为利润分配的首要目标予以优先考虑，一般不随资金需求的波动而波动。这一股息政策有以下 3 点好处。

资本奇迹 创造财富的真正秘诀

第一，稳定的股息给股票市场和公司股东一个稳定的信息。许多作为长期投资者的股东（包括个人投资者和机构投资者）希望公司股息能够成为其稳定的收入来源，以便安排消费和其他各项支出。而稳定股息政策有利于公司吸引投资者，并对股市增长起到很好的支撑作用。股价增长又促进了公司的发展，进而形成了良性互动。

第二，采用稳定股息政策，要求公司对未来的支付能力做出较好的判断。一般来说，公司确定的稳定股息额度不应太高，要留有余地，合理支配。

第三，良好的股息政策进一步推升上市企业股票价值。好的股息政策让股民对购买的股票更有信心。股民信任企业，企业社会责任又得到充分体现。

股息分配原则是：上市企业在本金户口里，股息占30%，利润占70%（其中战略发展基金占40%，企业运营费用占30%）。上市企业派发了股息，公司股票的价值越来越值钱，从而进一步推升股市。

本金户口，企业战略基金和备用金要隔离。应用方向，寻找公司扩展和投资机会等（如图5—12所示）。

图5—12

四、资本裂变实操指导

你敢梦想在5年内将拥有6间工厂、140间连锁店和2亿美元总营业额吗?

某家族企业,父亲把500001美元给姐、弟、妹3个儿女。他们3人创业,组立合资公司,生产饼干。通过发行500001股,每股1.00美元,公司100%控股(如表5—1所示)。

表5—1

—	股 份	百分比
姐	166667	33.33%
弟	166667	33.33%
妹	166667	33.33%
合计	500001	100%

从表中可以看出,每个创始人净值为166667美元,通过一段时间的运转,产品得到了市场认可。为了满足市场需求,企业需要融资扩大再生产,于是,公司稀释10%股份,融资200万美元,每股要价36.00美元。

根据上面信息计算增发股数,得到以下公式:

增发股数=原始股数÷(1-稀释比例)×稀释比例。即增发股数=500001÷(1-10%)×10%=55556股。

由于释放股份,姐、弟、妹原有投资比例被稀释。如以下公式:

资本奇迹 创造财富的真正秘诀

稀释后的股份 = 原股份比例 − 原股份比例 × 稀释股份。即稀释后的股份 =33%−33%×10%=30%。

有效成交价 = 融资金额 ÷ 投资者现在股份数。即有效成交价 =2000000÷2500001=8 美元。

有效成交价每股 8.00 美元,发行 55556 新股(如表 5—2 所示)。

表 5—2

—	股 份	百分比
姐	166667	30.00%
弟	166667	30.00%
妹	166667	30.00%
投 A	55556	10.00%
—	555557	100%

200 万美元用于其他专业厂家建立 3 家合资工厂,增发产生红股。得到以下公式:

红股 = 融入股数 − 增发股数 =20000000−55556=1944444。即红股 =1944444 股。

通过发行 1944444 红股给每一位股东,扩股本消化股 1944444 美元溢价(不缴税)。如果把利润变红股需要缴税然后才合法,则得到以下公式:

红股 = 溢价 × 相应百分比。即红股 =1944444×30%=583333 股(如表 5—3 所示)。

第五章 资本奇迹与财富裂变

表 5—3

—	股 份	百分比	红 股
姐	166667	30.00%	583333
弟	166667	30.00%	583333
妹	166667	30.00%	583333
投 A	55556	10.00%	194445
—	555557	100%	1944444

USD2500001：

通过释放10%股权融入200万美元，产生的红股按比例配发给姐、弟、妹，3人股份增加到75万股（如表5—4所示）。

表 5—4

—	股 份	百分比
姐	750000	30.00%
弟	750000	30.00%
妹	750000	30.00%
投 A	250000	10.00%
—	2500000	100%

其公式是：净值＝红股＋创始股份。即净值＝583333+166667=75万美元。

每个创始人的净值为75万美元，创始股占股比由原来的33%降到30%。其计算方法如下：

创始股稀释后百分比＝原有股比－（原有股比×释放股比）。

资本奇迹 创造财富的真正秘诀

即创始股稀释后百分比 =33%-（33%×10%）=30%。

又经过一段时间市场运作，产品销售渠道畅通，产量不能满足市场需求，需要扩大生产规模。于是，计划再筹款2000万美元，发行62.5万新股，每股要价32.00美元，公司稀释20%股份，有效估价=每股4.44美元。

通过发行1937.5万红股给每一位股东，扩股本消化1937.5万美元股票溢价。融资200万美元用于建立零售渠道，设立中国和印度两间新厂；建立销售平台；坚固集团运营，做财务改善和其他方面准备。其公式如下：

发新股数 = 原始股数 ×（1- 稀释比例）× 稀释比例。即发新股数 =2500000÷（1-20%）×20%=625000 股。

产生红股总数 = 融入股数 - 增发股数。即产生红股总数 =20000000-625000=19375000 股。

有效成交价 = 个人净值 ÷ 个人总股份数（增发 + 红股）。即有效成交价 =20000000÷（625000+19375000×20%）=4.44 美元。

IPO 首次公开发行股票（如表5—5所示）。

表 5—5

—	股 份	百分比
姐	750000	24.00%
弟	750000	24.00%
妹	750000	24.00%
投 A	250000	8.00%
VC	625000	20%
—	3125000	100%

第五章 资本奇迹与财富裂变

姐、弟、妹、投A股比又进一步被稀释，资金池变大，每个人的总资本再增加（如表5—6所示）。

表5—6

—	股份	百分比	红股
姐	750000	24.00%	4650000
弟	750000	24.00%	4650000
妹	750000	24.00%	4650000
投A	250000	8.00%	1550000
VC	625000	20%	3875000
—	3125000	100%	19375000

USD22500001（如表5—7所示）。

表5—7

—	股份	百分比
姐	5400000	24.00%
弟	5400000	24.00%
妹	5400000	24.00%
投A	1800000	8.00%
VC	4500000	20%
—	22500000	100%

资本奇迹 创造财富的真正秘诀

USD21960000：

每个人净值 540 万美元，经过一段时间的正常市场运作，股票面值切割为 0.20 美元。经过切割后资金总量没变，投资者所占股份及股比没有变化，但是股权分量增加了（如表 5—8 所示）。

表 5—8

—	股 份	百分比	股权份量
姐	5400000	24.00%	27000000
弟	5400000	24.00%	27000000
妹	5400000	24.00%	27000000
投 A	1800000	8.00%	9000000
VC	4500000	20%	22500000
—	22500000	100%	112500000

USD21960000：

IPO 首次公开发行 28125000 新股募集 4000 万美元，每股要价 1.42 美元，占公司 20% 的股份，有效成交价 = 每股 0.64 美元（如表 5—9 所示）。

表 5—9

—	股 份	百分比
姐	27000000	24.00%
弟	27000000	24.00%
妹	27000000	24.00%

续表

投A	9000000	8.00%
VC	22500000	20%
——	112500000	100%

USD109800000。

IPO20%公开发行（如表5—10所示）。

表5—10

——	股 份	百分比
姐	27000000	19.20%
弟	27000000	19.20%
妹	27000000	19.20%
投A	9000000	6.40%
VC	22500000	16%
大众	28125000	20%
——	140625000	100%

通过发行1.71875亿红股给每一位股东，扩股本消化3437.5万美元，首次公开发行股产生的股份溢价（如表5—11、表5—12所示）。

表5—11

——	股 份	百分比	红 股
姐	27000000	19.20%	33000000
弟	27000000	19.20%	33000000

资本奇迹 创造财富的真正秘诀

续表

妹	27000000	19.20%	33000000
投A	9000000	6.40%	11000000
VC	22500000	16.00%	27500000
大众	28125000	20.00%	34375000
——	140625000	100%	171875000

表5—12

——	股　份	百分比
姐	60000000	19.20%
弟	60000000	19.20%
妹	60000000	19.20%
投A	20000000	6.40%
VC	50000000	16.00%
大众	62500000	20.00%
——	312500000	100%

此时，每个创始人的净值为1200万美元。

稀释股：在基数股基础上，再增加股数。

溢价：正常竞争条件下所确定的市场价格为高的那部分溢价。

溢价处理：所有股东，在处置之前具有所有权。

利润上涨变成溢价，红股以投资比例兑现。

通过上面一系列操作，姐、弟、妹3人股份由原来166667美元放大到1200万美元，增大了71.99倍。

第五章 资本奇迹与财富裂变

如果还是用传统的"滚雪球"的方式去积累，假设每年按 30% 的速度增长，要达到 1200 万美元的资产需要 18 年积累，而资本运作在 3 年左右时间实现了裂变，这就是实体企业借助资本的力量助推得到了快速发展。你认为不可能吗？结果真的发生了。

在投资领域里，可控的结果叫投资，不可控的结果叫赌博。安全不是围绕你转的，关键在于你是在什么样的格局上建立起来的。

为什么后续投资 200 万美元占原始 500001 美元 10% 股权？投资者凭什么愿意接受？原因有两点：第一，根据资本游戏的规则，企业玩的是风险杠杆游戏，由于创始股投资风险远远大于后期投资风险，企业承担了项目投资的高风险，按照规则企业就应该得到高收益，所以企业的原始投资仍然不失控股权。第二，投资者利用企业的平台，企业有投资者不具备的资源并看好企业有培育、成长的潜力，能够把企业的这只"鸡"通过培植生出更多的"蛋"，就能够给投资者带来升值的空间，满足投资者收益预期，所以企业才能用百万资金撬动千万元投资，仍然具有控股权。

在此需要提示一点：企业选择什么样的投资者非常重要，融资过程选择投资者要注意，小心为了融资而过度包装被投资者操控，或者企业已经上市，但最大收益不是自己。

下面再熟悉一下计算方法：

EX：股东 A 占 33%，股东 B 占 33%，股东 C 占 34%，C 股卖给 D17%，后有 E 进入增 25%，持 600 万股，A、B、C 募 10 万股；经变动后股东 C 占 17%，D 占 17%。其公式如下：

资本奇迹 创造财富的真正秘诀

$$E \text{ 进入后} \frac{100000}{1-25\%} \times 25\% = 333333。$$

溢价：6000000-333333=5666667。

红股：A：33%×75% = 24.75%×5666667 → 1402500 股。

B：33%×75% = 24.75%×5666667 → 1402500 股。

C：17%×75% = 12.75%×5666667 → 722500 股。

D：17%×75% = 12.75%×5666667 → 722500 股。

E：25%×4125000 → 1031250 股。

$$\text{有效成交价} = \frac{6000000}{1031250+4125000} = 1.16。$$

如果公司估价 2400 万，C 获 D 股权资金 2400×17%=408 万。

溢价如何产生？是股东稀释股份产生的，由于业务经营的需要通过增发股份，资金池子变大了，有溢价就产生了红股。

所谓溢价，是指在减掉各种费用之后还有钱。说一支股票有多少溢价空间，这个溢价是指交易价格超过证券票面价格。

如何理解股市多少点？例如：大盘点数就好像是一个村里的总财富，村里有 100 户人家，总财富是 1 亿。李家有资产 2300 万，王家 1000 万，张家 500 万，其他 570 万。大家都在理财，有的存银行，有的炒股，有的做生意或做其他，那么各家的收益是不一样的，财富总值就是不断变化的。李家如果是中国石油占 20% 以上的权重，如果他家赔了，村里的财富很难涨起来。王家和张家、赵家如果是银行股占 20% 的权重，点数就是大盘商的总财富。

红股是增加股份、扩股行为，是所得税后的盈余积累（所有者权益、盈余公积金、未分配利润不包括资本公积转增股本的转股），

第五章 资本奇迹与财富裂变

红股会摊薄每股盈利,当然也会摊薄股价。

至于征税,根据同期储蓄利率实行加减后再征20%的股票所得税,投资者可将红股视为股息的一部分。其公式是:所得税=(每股红利-本年度定期储蓄利率)×20%。

资本运作过程中裂变是如何产生的?参看下面的实例分析。

如果控股公司为10万美元,100%股权,以下将要成立控股公司运作,通过多项投资实现资本裂变。

比如,一家投资公司(InvcsIco控股公司)估价为10万美元,财富裂变的过程(如图5—13、图5—14所示)。

InvcsIco控股公司
$100000

图5—13

资本奇迹 创造财富的真正秘诀

估价 $100000

Invcslco控股公司
$100000

图 5—14

出资 8 万美元成立控股公司（如图 5—15 所示）。

估价 $100000

Invcslco控股公司
$80000

Media 媒体公司
$20000

图 5—15

投资 2 万美元成立媒体公司，做种子资本（如图 5—16、图 5—

17所示）。

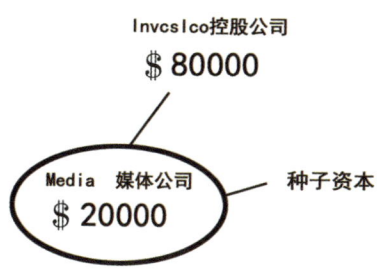

图 5—16

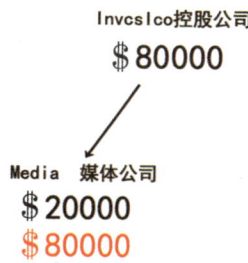

图 5—17

用种子资本融资 8 万美元，再以同样的方式出资 3 万美元，成

资本奇迹 创造财富的真正秘诀

立服务公司，再融资（如图5—18、图5—19所示）。

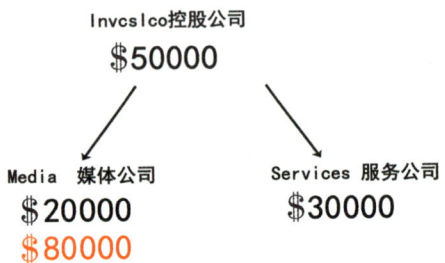

图 5—18

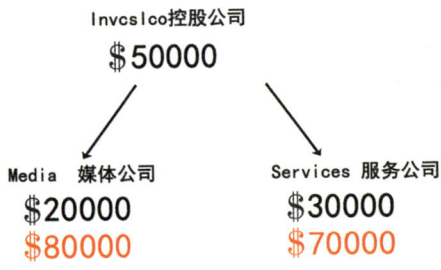

图 5—19

再由控股公司出资3万美元，成立零售公司，继续融资（如图5—

20、图 5—21 所示）。

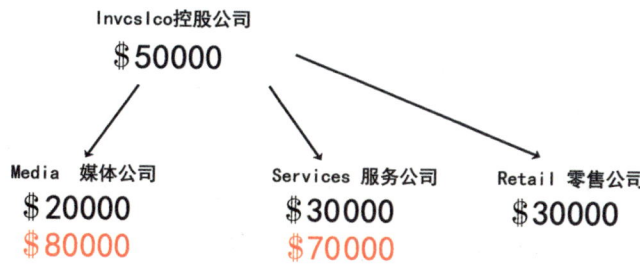

图 5—20

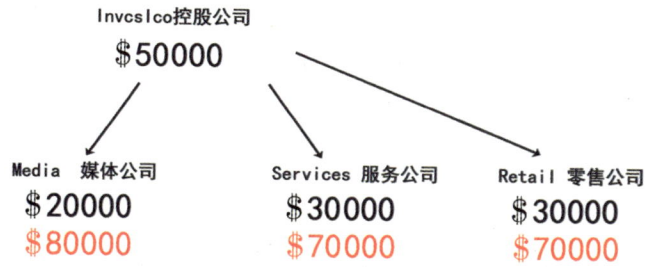

图 5—21

由控股公司出资成立的 3 家公司，经过一段时间运转又释放股

资本奇迹 创造财富的真正秘诀

份融资扩业务（如图5—22、图5—23所示）。

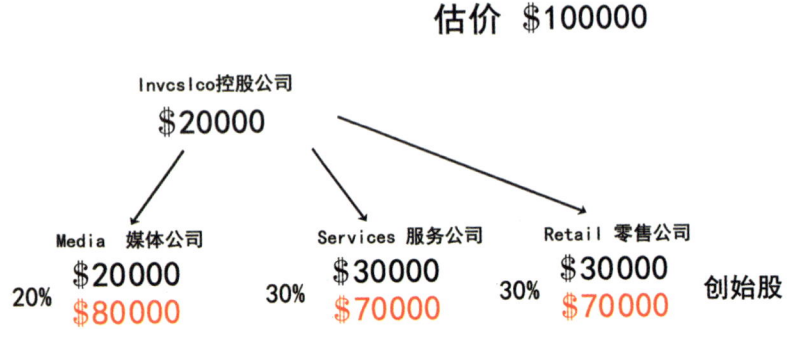

图 5—22

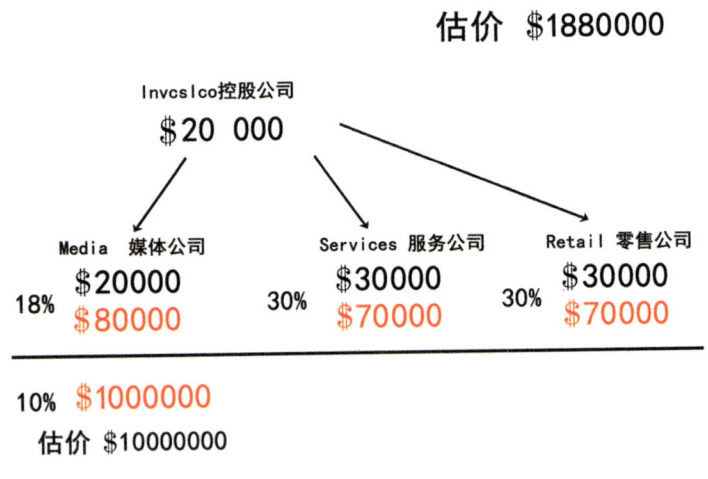

图 5—23

媒体公司释放10%股份，占股比由原来20%稀释到18%，融资

100万美元，经过运营梳理业绩提升后，对公司进行评估，此时公司股价变成1000万美元，控股公司股价也增加到188万美元（如图5—24所示）。

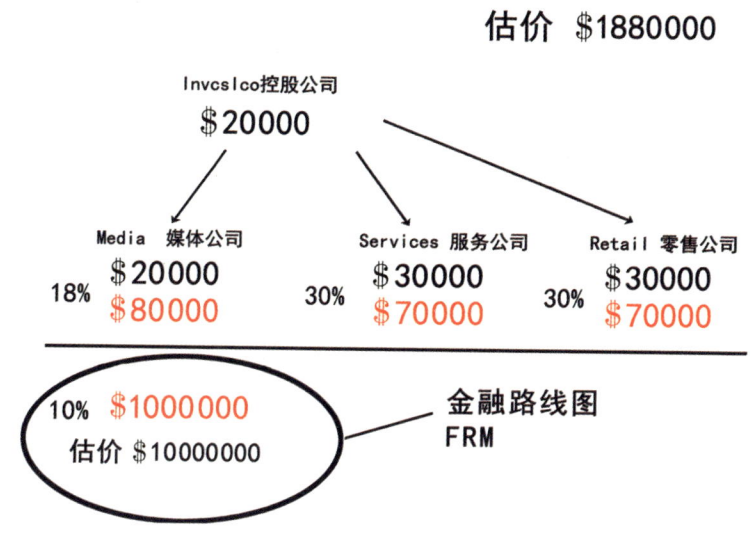

图5—24

服务公司也用类似的方式融资，按照同样的运行模式和计算方法，控股公司股价增加到545万美元（如图5—25所示）。

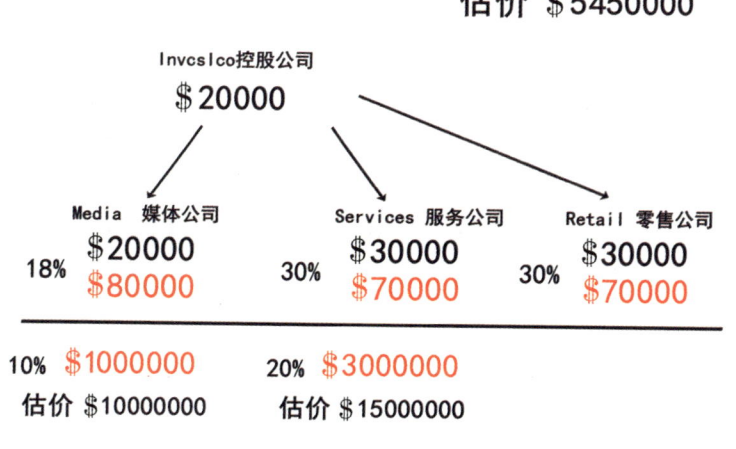

图5—25

资本奇迹 创造财富的真正秘诀

零售公司业按照同样的方法进行复制控股公司股价增加到882万美元（如图5—26、图5—27所示）。

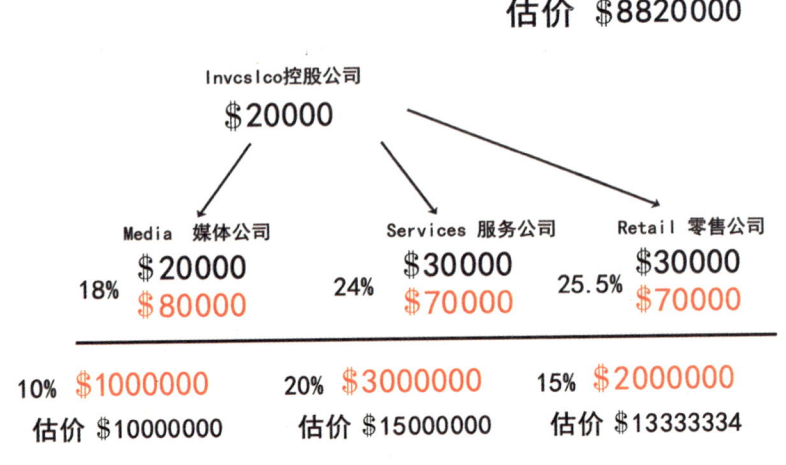

图 5—26

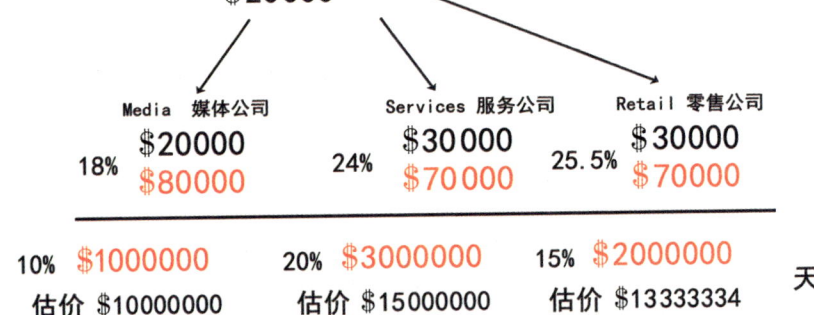

图 5—27

经过3家分公司天使融资后，控股公司股价达到882万美元（如

图5—28所示）。

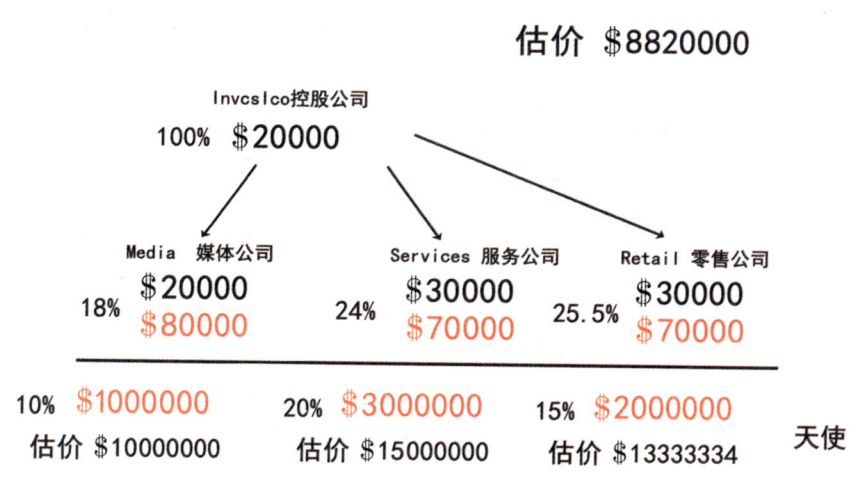

图 5—28

再以估价的20%（178.4万美元）投到控股公司（如图5—29所示）。

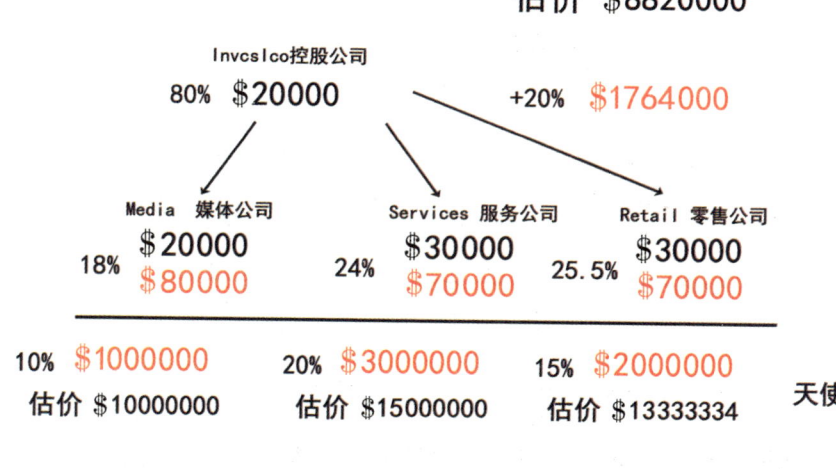

图 5—29

资本奇迹 创造财富的真正秘诀

接着媒体公司1000万美元，再释放20%股份融资500万美元，总公司估价达到1238.4万美元（如图5—30、5—31所示）。

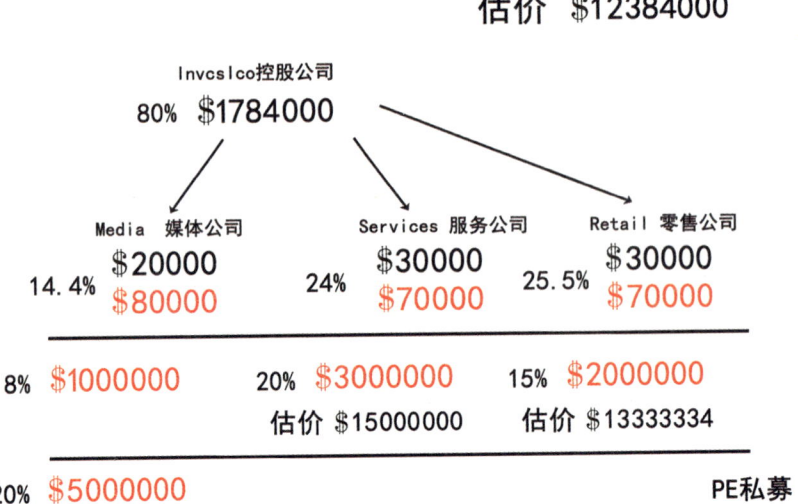

图 5—30

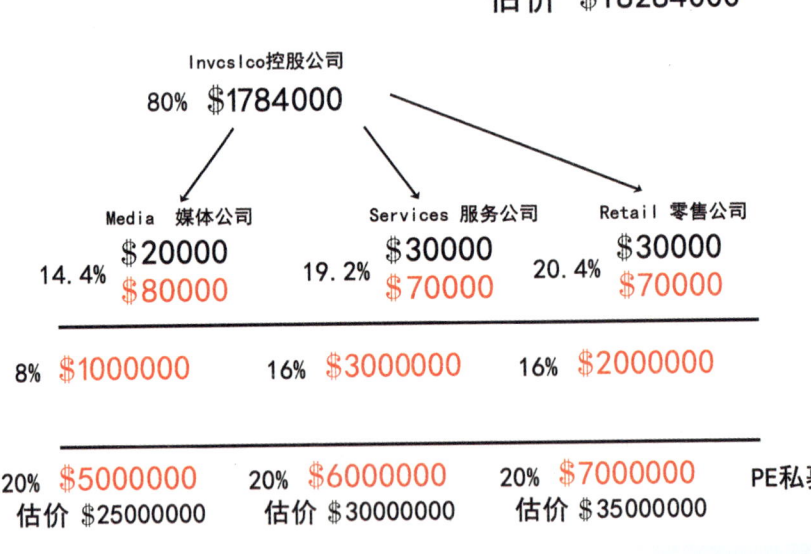

图 5—31

当私募股权融资结束时,总公司估值达到1828.4万美元,此时控股公司再出资成立培训公司、会员公司(如图5—32所示)。

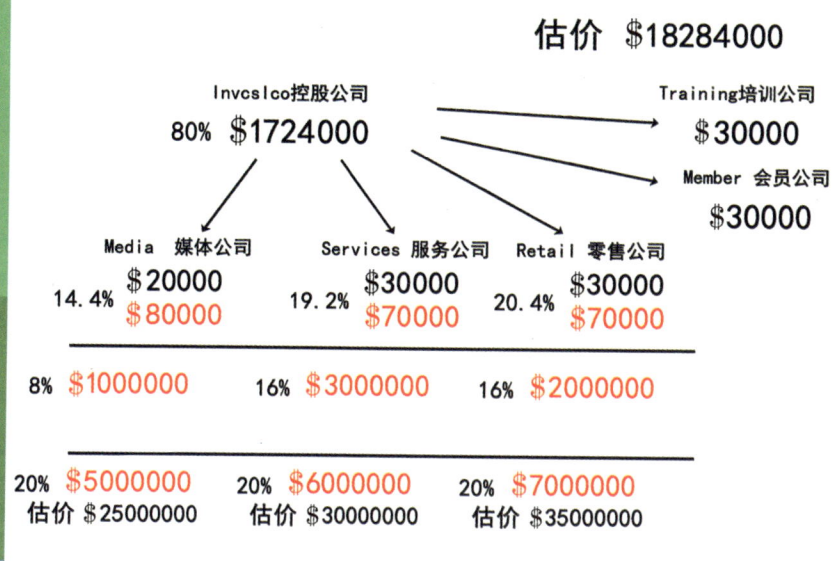

图 5—32

零售公司也出资成立物流公司、科技公司(如图5—33所示)。

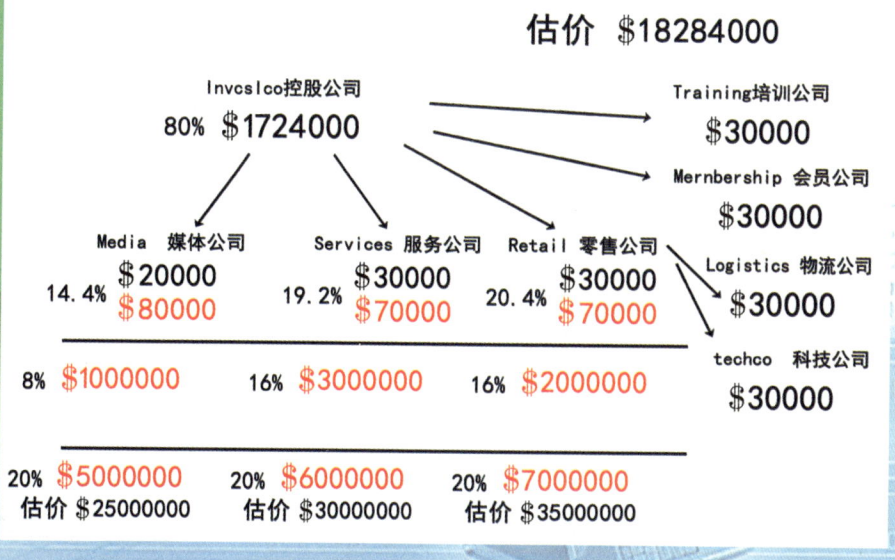

图 5—33

资本奇迹 创造财富的真正秘诀

还以同样的方式进行多投、复合投资（如图5—34、图5—35所示）。

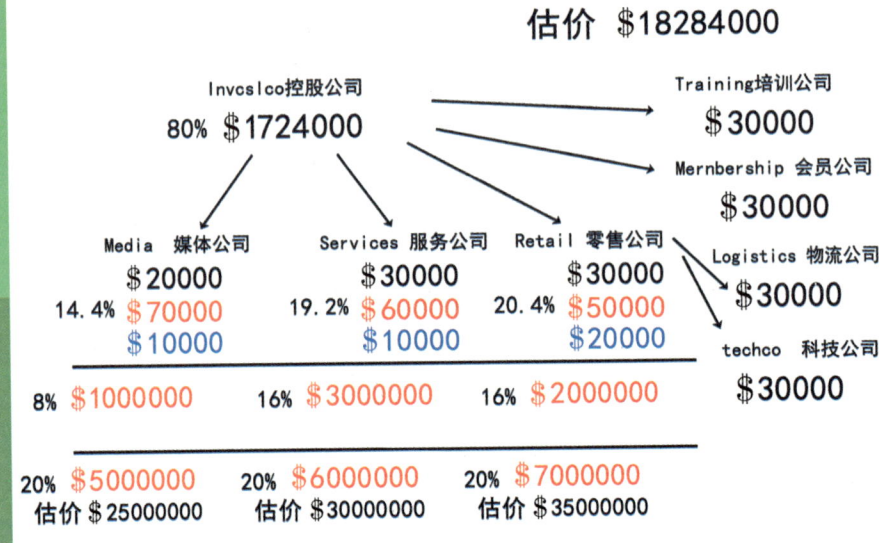

图 5—34

Assuming Everything

is Possible...

假设一切都有可能……

Do you Dare to Imagine?
您敢想吗？

图 5—35

再看下面投资方式（如图5—36、图5—37、图5—38所示）。

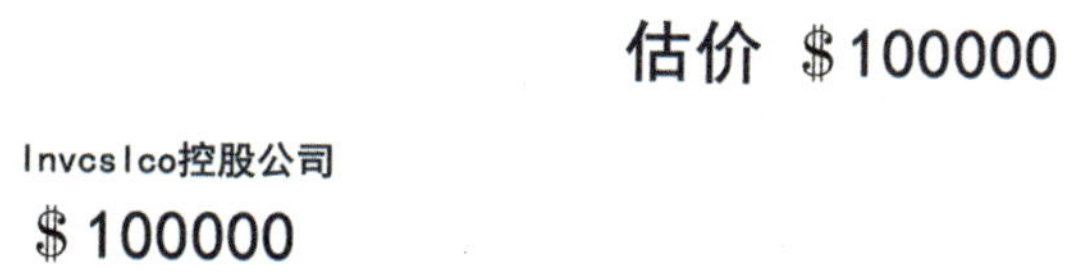

第五章 资本奇迹与财富裂变

估价 $100000

Invcslco控股公司
$100000

图 5—36

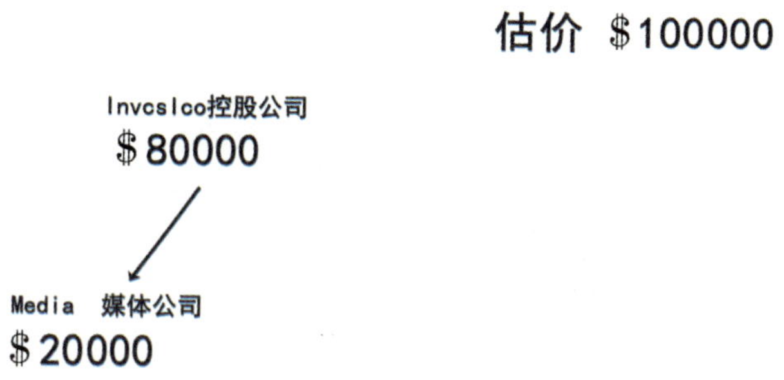

估价 $100000

Invcslco控股公司
$80000

Media 媒体公司
$20000

图 5—37

资本奇迹 创造财富的真正秘诀

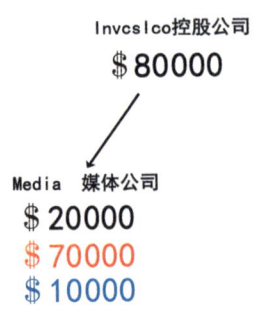

图 5—38

加速器：鼓励初创企业更快速、更聪明工作。加速器股份不仅是投资金，还具有其他资源助推企业（如图 5—39 所示）。

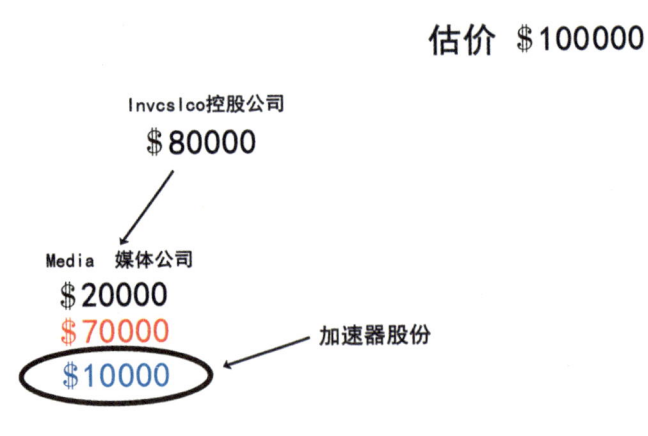

如图 5—39

孵化器：创造一个初创企业成长环境（如图 5—40、图 5—41、图 5—42、图 5—43、图 5—44、图 5—45、图 5—46、图 5—47、图

5—48、图 5—49、图 5—50、图 5—51、图 5—52、图 5—53、图 5—54、图 5—50、图 5—51、图 5—52、图 5—53、图 5—54、图 5—55 所示）。

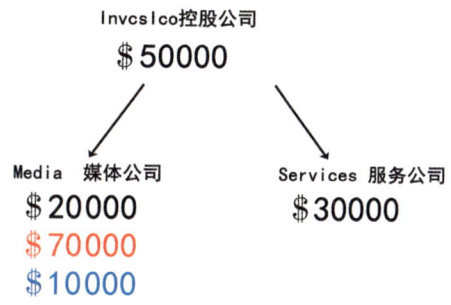

图 5—40

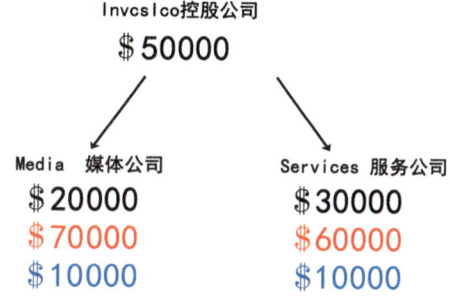

图 5—41

资本奇迹 创造财富的真正秘诀

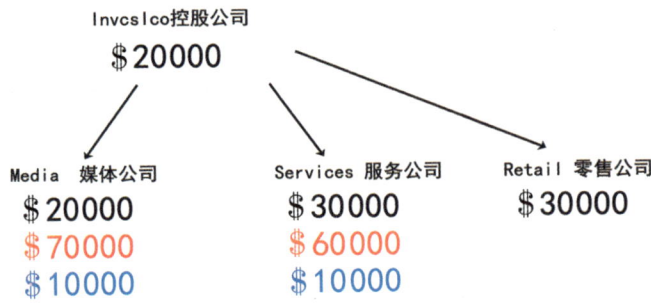

图 5—42

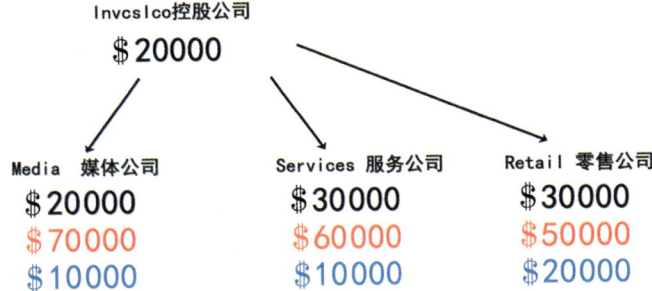

图 5—43

第五章 资本奇迹与财富裂变

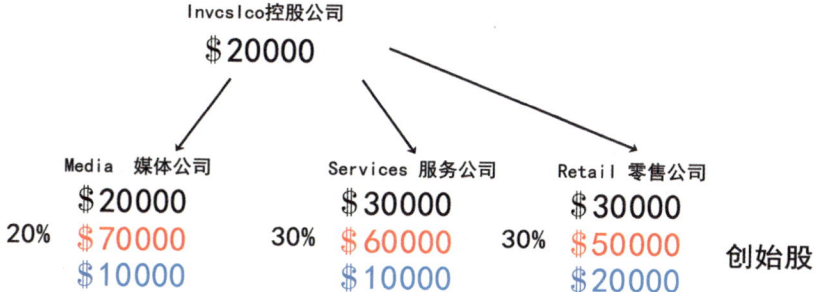

图 5—44

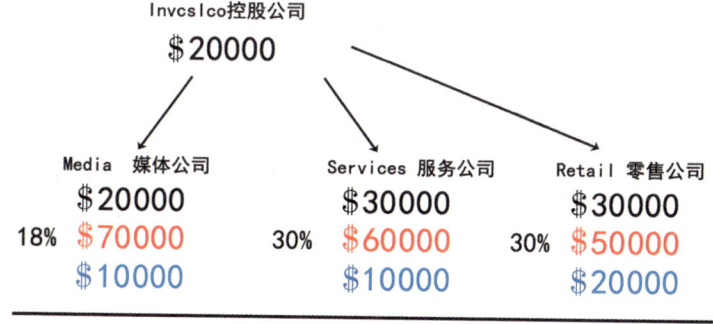

图 5—45

资本奇迹 创造财富的真正秘诀

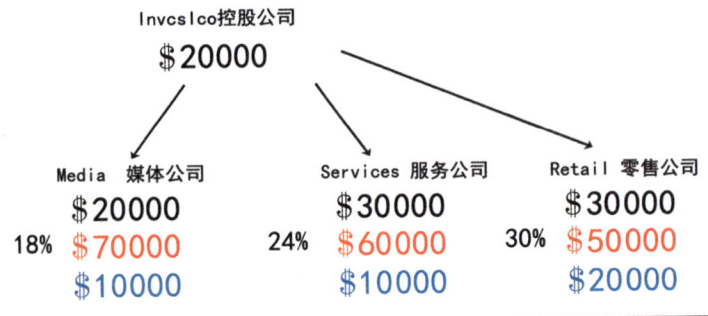

图 5—46

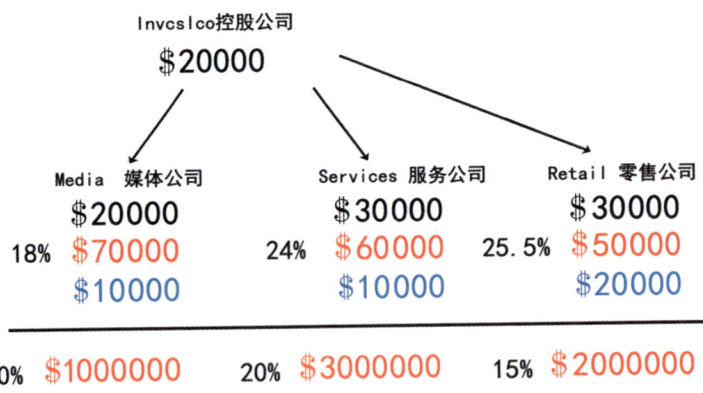

图 5—47

第五章 资本奇迹与财富裂变

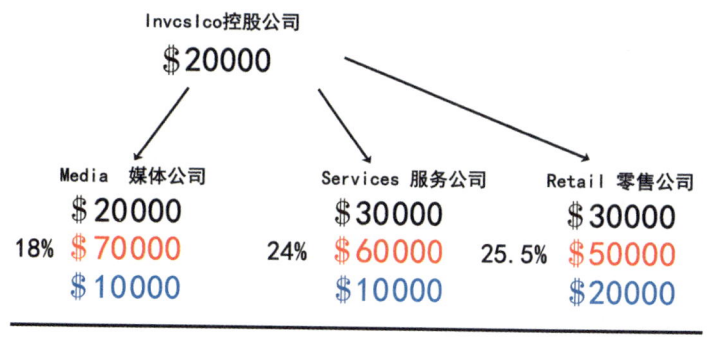

图 5—48

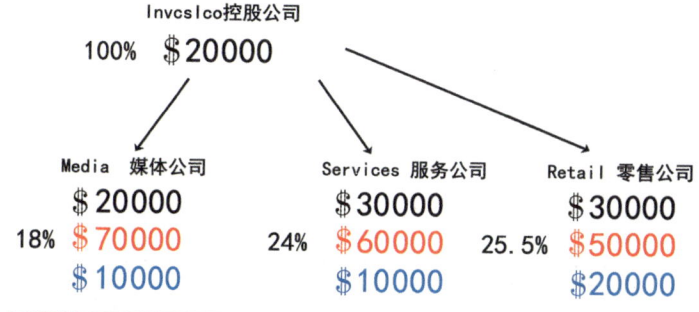

图 5—49

资本奇迹 创造财富的真正秘诀

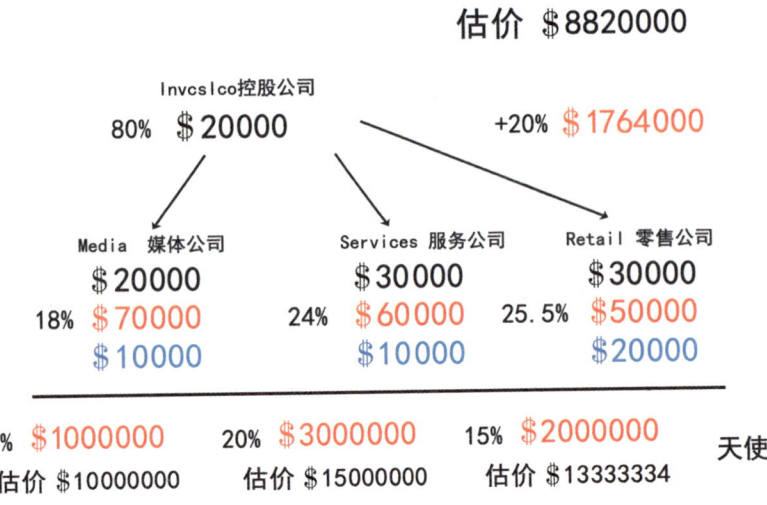

图 5—50

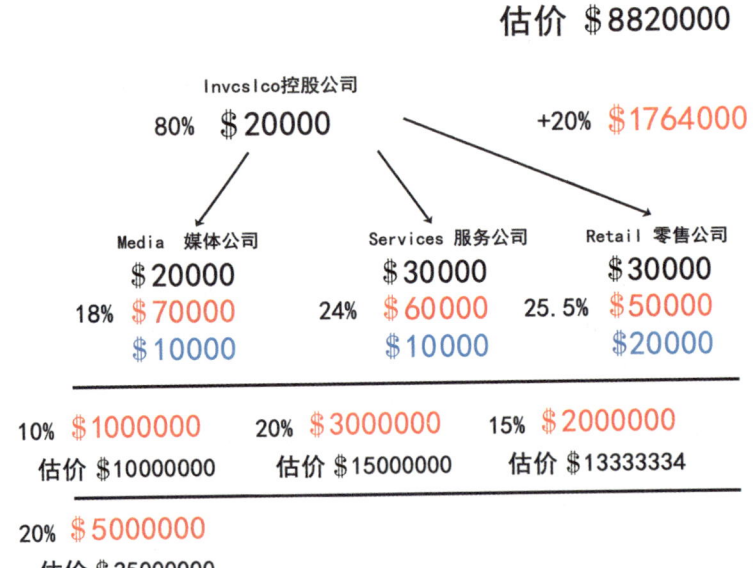

图 5—51

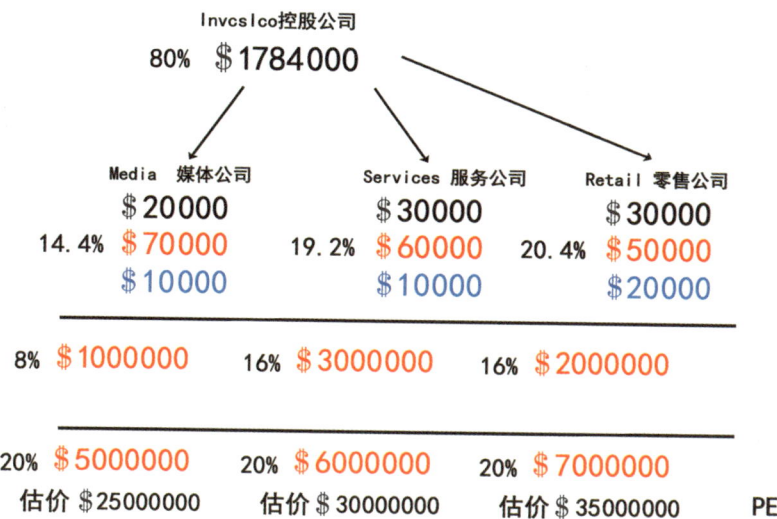

图 5—52

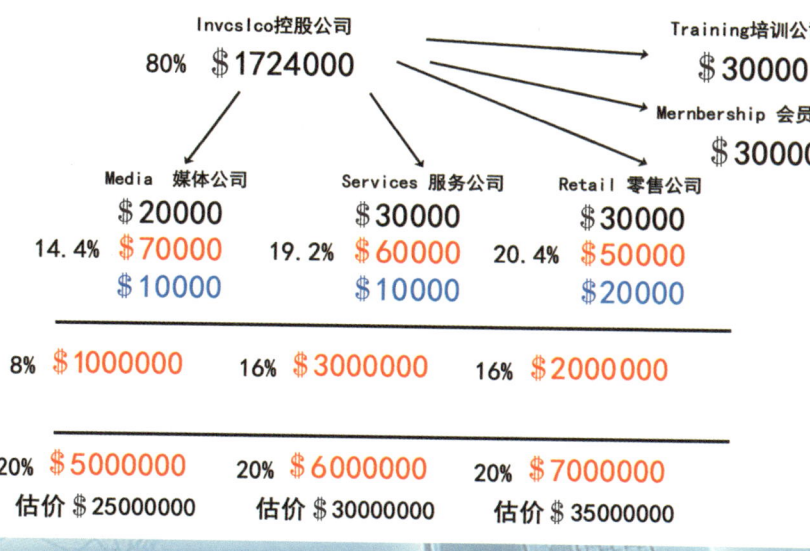

图 5—53

资本奇迹 创造财富的真正秘诀

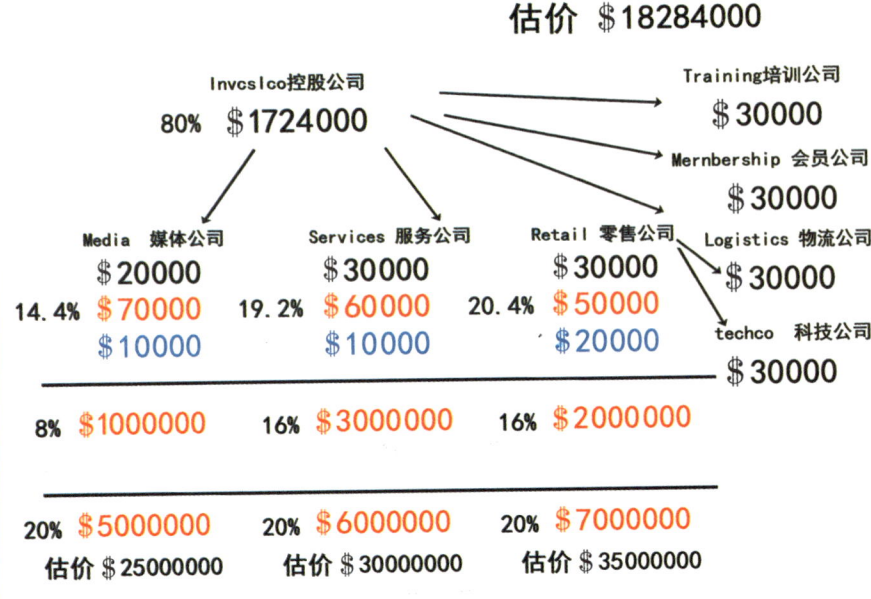

图 5—54

Assuming Wverything
is Possible...
假设一切都有可能……

Do you Dare to Imagine?
您敢想吗?

图 5—55

第五章 资本奇迹与财富裂变

当你的手里有 1 元的时候，你总会想如何变成 2 元；当你的手里有 100 元的时候，你就会希望拥有 200 元；当你的手里有 1000 万元的时候，你就会想要更多。投资就是 1 元变成 2 元的过程，而你需要了解的是过程。

资本裂变一般是上市企业相互之间资源再重组，通过以置换股权等方式达到资本裂变。 另外还有未上市的企业具有某些特殊资源被上市企业看好，这种特殊资源可以给他带来很好的收益预期。他们相互之间的组合不是简单意义上的一加一，而是需要一定的操作技巧。

资本游戏过程中如何关掉或屏蔽掉不让发生的部分，最有效的办法就是切割。资本奇迹教我们借鸡生蛋，以小博大，用巧劲。比如，晨宇投资案例，其每个板块有不同 PE 可以有不同的体量，因而有不同的营业额。

再如，钻石投资。只有通过切割，裸钻才能发生变化，对投资项目也是如此，只有通过不断切割才能产生资本裂变效应，与投资公司成立合作关系，把资本变成无限大。犹太人利用资本游戏理论，控制了世界经济主要部分，采取组合投资的方式使资本产生裂变，实现资本奇迹。

又如，投资重组。首先要有能见度，按不同空间和时间进行分类；其次要有清晰度，从管理层进行细化组合，找出不同红点操作不同项目；最后要量化指标，知道资本和市场运作关系，对所有上市项目设定盈利指标落实，投资公司投入资金一般不超过利润 40%。

关于重组方式（如图 5—56 所示）。

资本奇迹 创造财富的真正秘诀

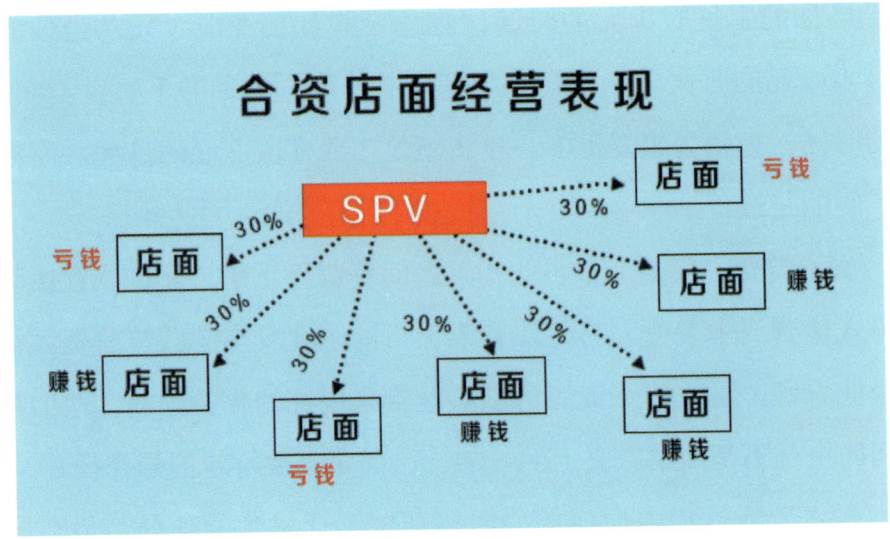

图 5—56

经过理顺，对不能盈利或亏损的店面进行调整，放到投资公司板块，把不良资产进行剥离（如图 5—57 所示）。

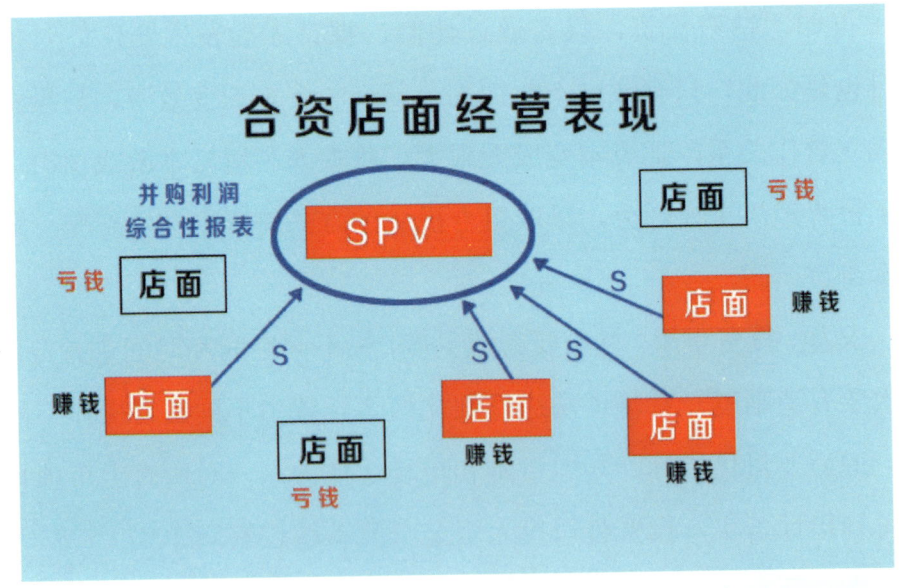

图 5—57

上图中通过对盈利的店面进行收购，纳入变成子公司。

五、关于财富奥秘的思考

财富奥秘在于金融路线图、裂变、投资组合、拥有多个IPO、多个投资组合等,投资公司按照这些方法进行操作,可以拥有巨大财富。但在追求财富的过程中,当过分集中去追求金钱的时候会适得其反,那么如何找到赚钱与善意的平衡点?这需要我们静下心来认真思考。

首先是如何把控钱的速度及安全性。根据股权结构的合理性,法人股权占比过大会影响上市后股票流通性,同时要注意上市后最大的受益者应该是企业。企业是主动者,而不是被操作者。如果上市企业不能进行资本裂变,那么企业就是被别人当成了嫁衣,或被券商操作而上市,受益最大的是别人。因此要小心企业上市是被别人利用,要明白上市只是财富裂变的开始。

一种商业模式有时候隐藏在另一种商业模式运行中,再加上资本运作的方式,有的时候投资是配额的问题,而不是钱的问题。做投资时要掌控好投资的节奏,把控好投资的步骤,慢慢来,一点一点地深入,这样才能给人留下很好的印象。

企业上市后,自然人所有资金和法人所有资金的属性发生了变化,企业是通过融资拿别人的钱来做自己的事,因此企业就要对融来的钱负责任,这就要求必须在法律框架下规范运行。

股息政策是计划出来的,这也是上市公司应该做的。如果企业能让自己的股东获益,那么股票就可以增值、推升股价。有规范化的运作方式并且有良好的业绩,这样的公司才是可投资的。

关于投资的基本要求。按照企业的价值主张进行重组,按行业

资本奇迹 创造财富的真正秘诀

性质不同列入专项投资，该阶段的投资不是钱的问题，而是配额的问题。如果上市企业都用这样的思维方式去理财，那么他的资金将变成无穷大的财富。

投资可以多家投、复合投，去除不理想的排除系统，放入投资公司短期策略是打造摇钱树，回报股东，要有维持企业正常运营费用支出；中期可持续收入，打造股息；长期力争实现快增长，为此必须打造价值。

什么情况下可以拥有创始股？在相互拥有创始股的情况下。如果企业拥有很好的股东，两个上市企业会帮另一个企业上市，你中有我，我中有你，形成联系体。一个公司可以利用原始投资相互拥有，可以做到无穷大的财富。

比如，一个公司有10万元，通过创始股几次裂变，第一次估价变成1000万元，第二次股价变成1500万元，第三次、第四次的股价更高，然后将80%的余钱投入其他方面，进行复制、裂变，还可以再继续切割、再裂变。这就是说，只要一个企业具有利他效应，大家相互拥有，互相借力，就可以在资本裂变的平台上共同分享。

经济学和社会学的有机结合形成科学。在这方面黄哲贤博士做规模项目，拥有丰富的实操经验。做规模项目，商业模式的比重下降。首先要考虑的是经济模式的设计，社会效益放在优先位置考虑。预期经济效益测算，主要是规模经济的投资对整体行业以及地方经济的拉动作用有多大。如果能够变成主导和经济体来看待，企业的策划将充满生机与活力，这是大师级的设计主题。如能像黄哲贤博士那样有机结合科学的商业模式，那么产生的设计结果将是全方位的合理设计。

关于利润池模式，指的是在行业价值链上，各个环节所赚取利润总和。产业价值链上哪些环节最容易掘取到行业内的高额利润？利润池的价值链上某些细分市场会比另一些细分市场深，就是在各个细分市场内部也深浅不一，各个细分市场的利润率有可能因客户群体、产品种类、区域市场或分销渠道的不同而大相径庭。此外，一个行业的利润聚集模式通常与收入聚集模式迥然有别。

利润池的运用，应该在低利润行业里识别新的利润来源，思考公司在传统价值链上的位置和角色，参看商业模式价值链路线图（图3-2、图3-3）重新思考公司在价值链中的运作，调整公司在传统价值链上的利润来源，在繁杂的利润池中重新制定公司的产品、定价和经营决策。企业也需要关注其他行业的利润池，跨行业可能的收入，形成新策略导致盈利增长。某些价值链的利润比别的多，利润池深度在个别段内的客户群体、产品类别、地域市场和分销渠道会有变化和不同的深度，价值链里的利润浓度不同于收益浓度。

机会是你在有思想准备的情况下创造出来的。各种经验和知识的积累有时候会会产生直觉,而直觉本身来自你自身的智慧和能量感觉，感觉来自你的灵魂，灵魂的根源是你的头脑，头脑产生逻辑判断。

处于睡眠状态的左右脑产生的频率和波形是稳定的，相近似的，人在兴奋状态下正好相反，专注方向会影响到你对别的事情的判断，做投资时一定要引起重视，认真分析和考量。人脑是一个待开发的潜力无穷的资源。你的着眼点在哪里，经过头脑的反应，在你的心中种下什么样的种子，将来就会生成什么样的结果。同样，在你的脑海里种下不可能的种子，你将来一定不可能。在投资领域里要避免预设条件，减少因此而引起判断上的错误。

在传球的游戏中，当注意力集中在某一个点的时候，这时的注

资本奇迹 创造财富的真正秘诀

意力覆盖了我们的盲点,以至于有时会产生错误判断。在投资过程中如何保证判断正确、减少失误?从本书中的一些章节中可以得到相应的启发。

你和财富的关系,应该是以投资换取利润的方式。很多企业资本金在逐年减少,原因是专业团队的问题。本金在保本的过程中运行才是良性的,利润增加不能以本金少为代价,以增加投资冲高企业利润,那是不真实的。如果你是一个投资者,此项参考很值得深思。

计划上市的企业大致要经过以下三个时期:第一期,理清角色,建立防火墙,建立战略基金(0至6个月)。第二期,符合上市指标,规范缴税记录,战略投资(6个月至18个月)。第三期,准备认可,讲故事,建立感性投资(12个月至24个月)。

关于上市企业资金控制,费用开支占总利润的30%,剩余的占70%(其中股息占20%、战略发展基金占50%)。以服务行业为例,测算正常营业利润、费用,然后根据实际发生的业务额计算开支,预留股息、管理费,对额外增加的利润也按预算留出来,每一年的年终明细要清楚,这是对公司上市前的要求。因为公司要对股民负责,要做好股息分红等工作。股息把钱吃掉,股价没有减少,如把实物吃掉,公司的利润就会减少。

怎样转换角色?要从企业家转变成投资者,帮助有志向的人实现改变现实的梦想。首先要从思维方式上进行调整,然后在行为方式上进行改变,开启你的智慧潜能,再将本书启发给你的方式和方法相结合,给自己确立一个美好的愿景。相信你会参与到资本运行的过程中,通过创建一个共利、共赢的健康生态平台,让自己得到收益,使别人得到帮助。

第五章　资本奇迹与财富裂变

理财入门要分成七步走：第一步，做好细节，明确大方向；第二步，公司要把一部分钱做战略发展资金；第三步，你得到的钱是你福报转化；第四步，钱离开你的时候，要以体面的方式；第五步，珍惜创造的价值，不要露财，清楚你要做的事情；第六步，对你手上的每一张牌都要仔细分析；第七步，你要是做不到点石成金的话，要留给别人一个利润空间。

现实世界里的人有两种状态，一是醒的状态，二是睡的状态。盲点是产生暂时意识的缺点，精力和着眼投向不同观察事情的结果也不一样。盲点的产生是由于意识集中在某一方面，而影响对事物全局客观的判断。在参与资本运作的过程中应该注意到盲点，站在客观、理性的角度去观察事情，通过不断完善、梳理和总结，尽最大可能地去缩小盲点。运用资本运作的思维方式，加上良好的商业模式，能够推升你的渠道和品牌在价值链上的位置。做一个理性、清醒的人，你将拥有无穷的财富。在你成功的最后那段时间，天使和魔鬼同时出现，不管是好还是差它来自于你的内心，所以人要修心、修德，以增加你的正能量。

人生从来到去，什么也带不来，什么也拿不走。但是在精神层面，人完全可以留下值得回忆的事情，这取决我们在生命的过程中怎么做。如果能够通过自身的修行和启发，在追求自己人生目标和奔向美好的未来过程中，留下值得回味有价值的东西，这是人生的真正意义和价值所在。

财富围绕着有德、有智的人运转。你认知了机会，抓到了机遇，你就有机会成功。人的德行能够承载财富，厚德载物。我们要挖掘自己智慧的潜能，通过知识和经验的积累，利用思想和理念去收购自己

资本奇迹 创造财富的真正秘诀

不具备的资源。现在既是你"跑马圈地"的时候，也是你"抓鱼"的时机，更是你聚焦智慧集中某一点去突破的时候。要尽可能优化组合、嫁接，站在资本的高度和产业链的高度去整合，通过自身的学习和得到的启发，规划好未来的前进方向。在你奔向美好的目标和成功的道路上，大家相互助力，大帮小、互相帮，把我们大家都变强、变大。

我们活在真实的世界里，站在镜子前面想自己的现实和未来，如果你是一个成功人士，就应该想想，在你的行进过程中有多少人得到过你的恩惠和照顾？又有多少有志创业的年轻人在成就自己人生创业过程中得到过你的帮助？成就别人，积德，成就自己，修福。在构建财富生态系统的过程中，你应该是一位积极的创造者和引领者，大家共同参与、共同分享，积极去迎接中国资本经济的到来。

当你具有一定的知识和经验积累的时候，要做到把自己真正放下。"无我"会产生能量，能量可以转化成智慧，智慧给你正确的逻辑判断，判断来源你的头脑，头脑引导你的思维方式和行为方式。让我们大家在财富生态系统的平台上发挥自己的智慧和潜能，去践行自己美好的梦想。

通过前面的阅读和思考，首先我们在思维方式得到了启发，通过思维的变化，导致你行为方式变化，在此基础上为下一步的资本裂变创造条件，通过对资本工具的运用，最后实现财富的裂变。无论是资本裂变还是财富的裂变，一定是在良好的产品市场运作的基础上，加上自身体系的完善和良好的商业模式的植入，以及资本的助推，最终实现财富的裂变。

第五章 资本奇迹与财富裂变

思考题：设计一下小贷公司如何变成金融产品，演变成金融集团达到上市？

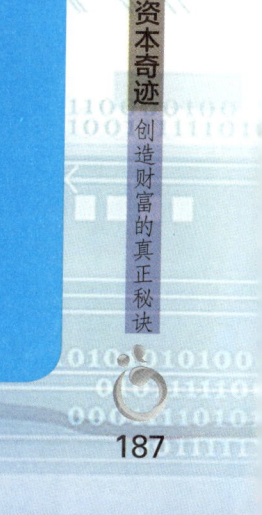

第六章

互联网与资本变革

互联网金融和资本运营的有机融合,促使资本市场格局发生了大变革。资本融入互联网,资源实时配位时代来临。

资本奇迹 创造财富的真正秘诀

对于互联网金融与资本市场的关系，可以从三方面来讨论。第一，互联网技术最早应用在证券市场，证券市场是互联网金融最好的发源地和缩影。第二，互联网金融的发展，从互联网金融概念到互联网概念股的持续走红，今后的趋势和走向又是什么？第三，互联网金融技术支持下的众筹模式在美国已经取得合法地位，这是否会对中国证券市场产生革命性、颠覆性影响？

最近几年，互联网金融是引起人们关注的主要领域。第一是P2P网贷，也就是基于互联网金融进行点对点的个人借贷。第二是第三方支付，如支付宝、财付通等，现在已经有250家以上的企业或机构取得牌照。P2P和第三方支付都是大家耳熟能详的互联网金融模式。第三是互联网上的众筹平台，现在全中国只有近百个，还没有引起足够的重视，但在全世界范围内已经有很多家。第四是融资平台，要打造具有中国特色的融资服务平台。第五是互联网时代的征信服务体系，如人民银行的征信中心，这些都是互联网金融比较成功的案例和应用。

现在，移动互联网不是一般的火。如果听到某个企业在半年内拿到两轮融资，估值半年过亿，似乎已经不是什么新闻。数据统计印证了这一点：2014年仅上半年已披露投资金额达13.10亿美元，超过2013年全年投资金额的两倍；2015年上半年中国互联网金融投融资市场上发生的投融资案例一共116起，获得融资的企业数为108家，融资金额约为19.39亿美元，而在116起投融资案例中，目前，已经有多家企业获得了两轮融资或三轮融资。

第六章 互联网与资本变革

现在人们已经将互联网金融比喻成鲶鱼。"鲶鱼效应"搅动着金融这个既定利益的大市场，推动了习惯于安稳的金融机构不得不以更加创新积极的态度来面对竞争，进行自我改革。

一、互联网重构资本市场格局

互联网的快速发展，不仅改变了我们的生活，而且也影响着资本市场。实践表明，互联网技术在资本市场的运用降低了企业的融资成本，提高了资本市场信息的透明度，增强了证券的流动性，促进了证券业的发展和资本市场的繁荣；但如果我们仅将互联网作为信息交流的一种媒介来看待，将其单纯地视同为诸如电报、电话等新兴通讯手段在资本市场的运用，而没有看到其给资本市场带来的更为深刻的变革，那么我们就大错特错了。互联网对资本市场的影响在某种意义上是颠覆性的。具体体现在以下五个方面。

第一，互联网颠覆传统证券学说和理论。

互联网技术与资本市场的结合首先带来的是投资权利表现形式的改变，即由传统的纸质证券转变为电子数据信息。在"证券"无纸化后，所谓的"证券"就以电子化的形式发行、交易、分类、存储。它们在簿记形式中由比特和字节组成，这些电子数据信息，也称数据电文。从而，证券集中登记机构电子登记系统中所存储的投资者投资账户中电子记录取代了传统纸质证券。那么这些电子信息究竟还是严

资本奇迹 创造财富的真正秘诀

格意义上的证券吗？对此，有学者作了否定性的回答，并发出了"证券死了"的感慨。尽管该观点可能略嫌武断或绝对，因为既然证券是证明权利的凭证，而凭证恐怕就不能简单地宣称就是"纸面凭证"，并将其作为论证上述电子数据是否属于证券的前提。但对其所提出的因电子时代投资权利表现形式改变而引发的游戏规则的转变我们则不能视而不见。如果从这个角度看，证券转让、证券出质，甚至证券及券商分类等一系列建立在纸面操作语境下的传统证券法理论恐怕真的需要我们做出全面的检视。

第二，互联网改变资本市场不同主体之间的相互关系。

资本市场就其本质而言，就是一个关于证券买卖的市场。而资本市场之所以在投资者（证券的买方）、发行商（证券的卖方）之外衍生出包括承销商、做市商、证券交易所等庞大的中介主体，皆源于解决资本流动性不足和信息不对称问题的需要。通常情况下，有资本需求欲发行股份的公司遭遇到的一个巨大困难就是难以寻求到足够的投资者。因为投资者在对发行人不了解，且对自己所认购的证券随后能否自由出售没有把握的情况下，其对证券的认购就会犹豫不决。此即所谓的市场流动性不足及信息不对称的问题。因此投资银行长期扮演的一个角色就是证券发售的保荐人、承销商，待发行完毕后再作发行公司证券的做市商，其基本功能就是通过自己的行为提供和制造证券的流动性。这样，一方面可以增加和提升投资者的投资信心，另一方面，也可以满足发行者及其管理层通过自身证券流动性的形成和提

第六章 互联网与资本变革

高，实现证券价值的增值。简言之，在信息不畅通、流动性不强的时代里，普通企业很难直接面对社会公众发售证券。然而，在电子化的网络时代，上述情形发生了重大变化，从而使发行人、投资者对券商和交易所的传统依赖关系发生了根本性的改变。

首先，互联网技术的运用，信息披露与传递的电子化，不仅使投资者可以通过企业的网站充分了解发行企业的业绩及资本发募信息，在很大程度上解决了寻求投资信息无门的难题，也可以使发行人与投资者之间通过电子信息的交流建立直接的关系，这样企业和投资者之间必须依赖中介机构的局面就被彻底改变了。其次，也更为重要的是，随着替代性交易系统的建立，证券发行后的交易也可以通过互联网直接实现，这样其流动性不足的难题也就迎刃而解。由此，证券的发行乃至交易，都可能通过互联网这一媒介在发行人和投资者之间进行，中介机构显得无足轻重，市场结构在减少了中间层级之后回归简单。也就是说，在资本的寻求者和资本的提供者可以更容易直接接触之后，"和谁接触、如何接触及何时接触"等曾经令无数资本使用者和资本提供者双方头痛的问题已经不那么突出。当然，发行商、投资者和承销商等资本市场主体关系的这种转变，表面上看似乎会给传统的证券服务业带来致命的一击，但证券商等并不会消失，只不过会迫使其在服务质量和服务特色上不断地提升，并催生一些新的服务领域和内容，如信息验证、智能代理人设计、谈判技巧及投资顾问、财务分析等。未来的证券服务业也必将凤凰涅槃、浴火重生。

第三，互联网瓦解传统证券市场结构。

证券交易电子化、网络化的直接后果，是摆脱了投资者对券商等中介机构的依赖，投资者可以直接入市进行交易，从而使券商的生存和发展面临严重的挑战，不得不拓展新的服务领域，实现业务创新和提升服务质量。而基于ECN（电子通信网络）产生的另类交易系统（或称自动测试系统）已经向传统证券交易所的垄断地位发出了有力的挑战，成为交易所的强劲对手，迫使证券交易所的组织机构进行调整。其中一个最为重要的变化就是交易所的非互助化改革，即传统的互助性的会员制交易所纷纷向商业化运作的公司制转变，以改变自己互助性的会员制治理结构，实现交易所交易权、经营权与所有权的分离，交易资格与所有权剥离。交易所的商业化改革给传统的证券交易体制带来了强有力的冲击和挑战，如何对待与解决交易所营利需求与交易所肩负的自律监管职能之间固有的利益冲突，成为一个广泛争论的话题。此外，众多独立于证券交易所之外的承担着交易所职能的另类交易系统的存在，在给交易所带来竞争压力的同时，也造成了市场的肢解，使不少国家为建立全国集中交易市场的努力毁于一旦。

第四，互联网影响公司治理模式。

通讯技术的进步正在戏剧性地影响和改变着股东的通讯和决策方式，进而对公司治理产生深刻的影响。在传统条件下，股东之间相互交流及参与公司事务都极为不便且成本昂贵。而网络技术的普及，使股东之间及股东与公司之间通过互联网这一媒介进行及时而有效地沟通成为现实。股东相互之间可以通过网络论坛等形式对公司经营、人事任免及未来发展等进行充分地讨论，投资者参与公司治理的热情得以激发。公司股东会议的召开方式也由单一的现场会议形式向电子通讯会议等多种形式转化。网络投票可以使更多的投资者及时行使股东权利，由此也将引起代理权授权规则的一系列变化，控制权的争夺也将更加激烈，这些变化对于公司民主的实现有很大助益，从而会更深层地影响公司的治理结构。

第五，互联网对监管者的监管策略和监管能力提出挑战。

互联网的使用给整个证券市场带来的这场革命，正在重置证券商和客户的关系，消融对证券市场管辖的地域界线，也给监管者提出了强有力的挑战。传统的证券发行和交易体制下，通常是由证券发行人和承销商相互配合共同完成证券的发行任务，但在网络技术运用到证券市场后，证券发行人可以利用互联网绕开证券承销商而直接向投资者发售证券，由此产生证券发行市场非中介化的问题。证券发行市场的非中介化带来的负面影响不容监管机构忽视：

首先，由于缺少专业机构的参与，网络信息披露的真实与否不易甄别，证券欺诈行为更加有机可乘，投资者的投资风险增加，投资者权益保护的难度急剧提高。其次，由于缺乏承销商的监督，发行人可以在未经证券监管机构核准的情形下直接向投资者发行证券，从而规避监管部门对证券发行的监管，进而对证券发行监管体制造成冲击。再次，由于市场分散，投资者的交割缺乏足够的制度保证，一旦发行人不履约将会损害投资者的权利，甚至引发混乱。最后，网络的无国界性，也与现行的证券发行的地域性特征产生了冲突，使各国的证券监管机构不得不面临证券发行管辖权的困扰。技术进步带来的监管难题，必将迫使监管者重新审视自己的角色和定位，最终进行监管体系的进一步调整。

实际上，在2014年中国证监会就提出，要在创业板设立专门层次，支持符合一定条件但尚未盈利的互联网和科技创新企业在新三板挂牌一年后到创业板上市。2015年"两会"期间，国务院总理李克强在政府工作报告中明确提出，将实施股票发行注册制改革。随着注册制的推进，新兴行业公司在A股上市的步伐越来越近。2015年3月12日，在对位于北京中关村的互联网金融垂直搜索平台融360调研后，证监会有关负责人表示，希望融360和蚂蚁金服一起，成为第一批在国内上市的互联网金融创业公司。这也意味着资本市场向互联网企业开放将是大势所趋。

二、互联网金融：交易场边界飞速扩张

互联网金融是指传统金融机构与互联网企业利用互联网技术和信息通信技术实现资金融通、支付、投资和信息中介服务的新型金融业务模式。互联网金融不是互联网和金融业的简单结合，而是在实现安全、移动等网络技术水平上，被用户熟悉接受后（尤其是对电子商

务的接受），自然而然为适应新的需求而产生的新模式及新业务。这是传统金融行业与互联网精神相结合的新兴领域。

当前，互联网金融发展之势势不可挡，第三方支付、P2P、众筹、金融网销、互联网小额贷款、虚拟货币、APP理财等新兴模式遍地开花。互联网金融已经成为了新兴资本助推器。

以P2P为例。P2P行业是一种新兴的互联网金融商业模式，其刚刚进入发展期，在未来的5年内将会进入黄金发展期。中国在未来几年逐步进入信用消费社会，相对信用卡分期付款的年化18%左右的利率，P2P的12%到15%的年利率将会具有一定的吸引力。P2P行业未来应将重心放在自身风险管理和运营成本控制方面，由于大量投资者的出现，风险管理水平的提高，平台的资金将不会是问题。

如今，由P2P的概念已经衍生出了很多模式。中国以贷贷巴为代表的网络借贷平台已经超过2000家。平台的模式虽各有不同，但归纳起来主要有以下三类：

一是担保交易。担保机构担保交易模式，这也是最安全的P2P模式。此类平台作为中介，平台不吸储、不放贷，只提供金融信息服务，由合作的小贷公司和担保机构提供双重担保。此类平台的交易模式多为"1对多"，即一笔借款需求由多个投资者投资。此种模式的优势是可以保证投资者的资金安全，由国内大型担保机构联合担保。如果遇到坏账，担保机构会在拖延还款的第二日把本金和利息及时打到投资者账户。

二是债权转让。"P2P平台下的债权合同转让模式"的模式，可以称之为"多对多"模式。借款需求和投资都是打散组合的,甚至有由最大债权人将资金出借给借款人,然后获取债权对其分割,通过债权转让形式将债权转移给其他投资者,获得借贷资金的模式。

三是综合交易。即以交易参数为基点,结合O2O的综合交易模式。这种小贷模式创建的P2P小额贷款业务凭借其客户资源、电商交易数据及产品结构占得优势,其线下成立的两家小额贷款公司对其平台客户进行服务。线下商务的机会与互联网结合在了一起,让互联网成为线下交易的前台。

P2P的出现降低了民间借贷的资金成本和借贷利率,并且扩大了资金来源。 主要表现为,过去P2P投资的大部分人为从事民间借贷投资者,而现在增加了来自互联网的个体投资者。

三、产融结合:下一个经济大趋势

互联网产业资本向金融资本转型发展是市场经济发展的客观规律,传统金融机构应积极遵循、适应这一规律,大胆融入互联网潮流,加快向互联网金融体系的转型升级。

第一,互联网经济成"新经济"组成市场。

在进入21世纪以来的十几年来,中国的互联网化浪潮一浪高过一浪,**中国的互联网经济已成为当代中国"新经济"的最重要组成部**

分。其中，阿里巴巴、京东、腾讯、百度等互联网巨头，在互联网产业领域已建立起庞大的产业链和互联网商业生态体系，其在全国的商品生产、消费、交换、物流、销售在人们生活、娱乐、社交等领域，占据了非常重要的地位。

如阿里巴巴已建立并运营的淘宝、天猫、聚划算这3个网站构成的中国最大零售平台，2013年商品交易总额达到15420亿元人民币（2480亿美元）。2013年一季度至三季度，阿里巴巴的营业收入达到405亿元人民币（65亿美元），净收益达到177亿元人民币（29亿美元）。2015年3月6日，阿里巴巴集团宣布对旗下零售平台（淘宝、天猫、聚划算）进行统一规划管理。阿里巴巴称此次将加强各平台之间的资源整合和统一规划，并在组织形式上予以加强和保障，做深做实做新"万能淘宝、品质天猫、活力聚划算"。

另外，像腾讯、百度、新浪等互联网巨头，也分别在社交网络、搜索引擎、信息门户等各自擅长的领域建立起巨大的社会影响力。可以说，互联网龙头企业已成为中国"新经济"的重要基石，成为中国核心竞争力的重要来源，成为中国经济社会融入全球化的驱动力。

第二，互联网产业资本向金融资本转型是趋势。

众多互联网企业进入资本市场完成IPO上市的案例清楚地表明，互联网企业在做大做强的过程中向资本市场跨界并进而向金融领域跨界是一个自然而然的过程，互联网产业资本向金融资本转型是市场经济发展到互联网化时代的客观规律和历史趋势。这正如在商业贸易高度发达后商业资本向金融资本转移、工业化发展到一定阶段后产业资

资本奇迹 创造财富的真正秘诀

本向金融资本转移一样，在当今全球互联网化时代，互联网产业资本一定会向金融资本转移，其遵循同样的经济规律和金融规律。

不少互联网企业在发展过程中，由于其"轻资产"的特性，传统银行业机构从传统风险管理和内控机制出发，不会为这类企业提供贷款，或仅提供很少量的贷款。但是，在银行间接融资市场之外，已经培育起一个由风险投资、创业投资机构主导的直接融资市场，这类机构向迫切需要资金的互联网企业提供了天使投资、风险投资、创业投资等。

如京东，从2007年拿到今日资本1000万美元起，到腾讯注入2.145亿美元为止，累计融资20.26亿美元。其具体采用了"夹层融资"和"股权融资"两种方式。

夹层融资通俗讲就是介于股权融资和债权融资之间，具件条款由投融资双方灵活商定的长期融资方式。这种融资工具发出去是债券，付不付利息，什么条件下可以转股，每个时期可以转多少，有没有投票权要看双方事前约定。2007年到2010年间，京东发行了A、B、C三轮"可转可赎回优先股"。A轮融资由2007年3月27日今日资本提供，发行1.55亿"A类可赎可转优先股"，附带1.31亿份购股权。2007年8月15日，1.31亿购股权被行使。两笔融资合计1000万美元。B轮由2009年1月今日资本、雄牛及梁伯韬联合投资，发行2.35亿"B类可赎可转优先股"，融资2100万美元。C轮融资额达1.38亿美元。于2010年9月完成。这次发行1.78亿"C类可赎可转优先股"，投

第六章 互联网与资本变革

资方为高瓴资本。通过三轮融资，京东获得1.69亿美元。

发行可转可赎回优先股融资方式虽好，但融资额有限。否则资产负债率畸高公司将濒于破产。2011年，京东开始发售普通股融资（如表6—1所示）。

表6—1

京东普通股私募．融资消清				
日期	对象	数量（百万）	单价（美元/股，）	金额（百万美元）
2011.4	DSTG1obal	94.3	3.33	314
2011.6	DSTG1obal	59.4	3.37	200
	DSTG1obal	63.9	3.63	232
2011.6	红杉等	59.1	3.64	215
2012.11	Tiger	63.1	3.96	250
2013.2	Kingdom	101.0	3.96	400
	DSTGlobal	8.2	3.90	32
2014.4	腾讯	351.7	N/A	214.7
总计		800.6		1857.7

从上表看到，京东自2011年以来历次股权融资，累计发售8亿普通股，获得18.57亿美元现金及腾讯旗下3块（拍拍、网购100%股权及易迅9.9%股权）电商资产。

从上可以看出，我国传统金融机构在参与和支持互联网企业方面明显落后于创业投资和风险投资这类新型金融机构，因此不能分享互联网企业做大做强所带来的更多红利。

互联网产业资本向金融资本转型发展是市场经济发展的客观规律。与此同时，互联网企业向互联网金融的跨界只有"现在进行时"，没有"过去时"，其"将来时"一定会出现具有成功商业模式和巨大影响力的新型互联网金融航母。在不远的未来，传统金融机构与新型互联网金融机构将融合生长，形成一个更具有生命力的"新金融体系"。

四、资产管理向最优价值体聚集

信息技术创新一直在改变资产管理业的运作模式，而这种改变的速度与创新的节奏密切相关。在计算机出现之前，股票交易的规模量并不大，投资者接触信息的便利性不高。随着信息化程度的提高，资本市场的信息传递速度大幅度加快，投资者越来越容易接触到上市公司的相关资讯，同时股票的换手率也逐渐提高。另一个伴生的副产品就是越来越多的信息噪音和污染。

移动互联网的两个重要特征对我们理解这场变革至关重要：

第一个是黏性特征。由于移动互联网的载体是智能手机和平板

第六章 互联网与资本变革

电脑等可方便携带的消费电子产品，随着移动互联网生态环境越来越丰富，这些电子产品大量地消耗着我们的碎片时间，而把大量碎片时间消耗在移动终端上的各种应用的结果则是形成使用习惯，也就是消费者的黏性。消费黏性的形成就会形成移动互联网环境下的渠道和入口，其隐性的经济价值就会不断提高。这也是互联网企业不断创新试图挤走别人占据消费者互联网入口的原因，同时也主宰着过去十多年互联网模式的新陈代谢。

第二个是社交特征。当互联网新领域从电脑转移到移动终端的时候，传统的第一代门户网站和第二代搜索引擎时代已经成熟，行业寻找的新应用是社交属性的应用，这也是移动终端针对碎片时间的轻度应用特征所致。社交的一大特点就是互动，并且这也是一个高度市场化和创新的领域，激发出前所未有的信息井喷，但同时也使得信息更加碎片化；严肃的深层次思考显然变得越来越稀缺。简而言之，我们人类社会的发展过程就是一个加速度的演进过程，互联网就是一个例子。

移动互联网趋势下的资产管理模式的变革，已经形成了明显的混业经营、"大资管""泛资管"格局。 主要体现在两个方面：

一方面，市场竞争主体不断增多。2012年以来，监管部门出台了一系列政策措施，逐步开放资产管理牌照，从行业准入、业务限制等方面入手，打破了银行、证券、保险、基金、信托等金融机构的竞争壁垒，扩展了资产管理业务外延，推动了金融机构的全产业链经营布局。与此同时，第三方资产管理公司、互联网企业也凭借信息技术优势和独特市场定位，在高端市场、小额理财等细分领域实现了快速发展。资产管理行业市场竞争主体不断增多，市场竞争日趋激烈。

另一方面，投资范围持续拓宽。从投资产品种类看，随着金融改革的深化，金融市场的层次和产品不断丰富，货币市场、资本市场产品系列日趋完善，推动了金融机构在风险可控前提下的进一步扩大投资选择范围。从投资地域范围看，在全球经济金融一体化背景下，境外市场投资领域逐渐扩大，全球资产管理的趋势不断强化。一是金融机构致力于完善全球渠道，提升全球资产配置能力；二是人民币国际化和资本账户改革也在推动境外投资环境持续优化。

从上可以看出，移动互联网的出现和普及更快地改变了我们所处的资产管理业的生态环境，并且对运作模式的变革提出了更高要求。

五、资本融入 DT 互联网：资源实时配位时代来临

2015年3月的"两会"期间，国务院总理李克强在政府工作报告中提出了"互联网+"战略，推动移动互联网、云计算、大数据、物联网等与现代制造业结合，促进电子商务、工业互联网和互联网金融健康发展，引导互联网企业拓展国际市场。这表明，互联网已经逐渐跳出一个行业的范畴，正成为国民经济的一大新引擎。在紧随其后的3月18日，沪指站稳3500点，创近7年来的新高，创业板指数再

第六章 互联网与资本变革

次刷新历史新高，迫近 2200 点。

"互联网+"是一场金融资产从间接融资体系向直接融资体系迁移的大趋势，也是一场由"80后""90后""95后"根据客户体验"用脚投票"的大趋势。在"互联网+"战略下，技术的变化叠加政策的进一步放开以及移动互联网效应带来的是世界级的企业；同时，互联网+金融+产业领域能够确定孕育出万亿市值的平台、多家千亿级市值的公司。

制度红利构成了"互联网+"突破发展的基础。我们看到，2014年底以来互联网金融迎来政策蜜月期，征信牌照下发、移动金融征求意见稿下发、众筹监管落地、券商可以直接参与众筹等。互联网金融的发展是一场巨大的财富重新创造的过程，用户和入口的价值被重估。

互联网时代供给创造需求，第三方支付、互联网供应链金融、大数据金融、P2P、众筹等互联网金融的新模式，是以大数据、云计算和物联网等计算机新技术的发展为基础的。技术创新创造新的供给，制度创新创造新的红利，例如非现场开户的政策突破使得互联网基金销售迎来高速发展期，类似的政策突破还有许多，不仅发生在金融领域，在最难突破的中小企业融资发展上都有政策突破。

总的来看，"互联网+"给金融投资带来了交易方式的变革：高频量化，大数据分析，云计算与雾计算已经让传统投资方式显得苦不堪言；"互联网+"带来了信息模式转变，越来越多的不对称的信息，演变成公开信息，导致市场观念的统一性形成；"互联网+"改变了我们的投资者群，杠杆式交易让机构更快崛起，让市场空前活跃；"互

资本奇迹 创造财富的真正秘诀

联网+"带来了市场化程度的转变，市场的预期已经远远提前与现实发生；"互联网+"带来的投资思维的转变，使未来的金融投资会两极分化，一部分是资产配资，一部分是娱乐。

总之，"互联网+"的出台与实施，将使资本市场的资源配置进一步向"互联网+"的方向倾斜，将撬动资本市场，带动资本市场"疯"起来。这一新趋势将为资本市场带来新的考验，也为企业融投资带来了新的发展机遇。在这样每天可以让你赚十倍也可以让你赔十倍的市场里，在这个遍地都是机会，遍地也都是风险的时代，我们如何运用互联网，抓住核心机会，赶上时代步伐，已经成为了互联网时代企业必须面对的问题。

第六章 互联网与资本变革

思考题：什么是互联网金融的本质？又有哪些力量在过去和未来助推行业加速发展？